本书系山东省教育教学研究重点课题"青少年厌学问题区域性干预支持系统的构建研究与实践"（课题批准号：2024JXZ015）的研究成果之一

重拾学习动力

马莉 编著

陪孩子走出
厌学、拒学的困境

济南出版社

图书在版编目（CIP）数据

重拾学习动力：陪孩子走出厌学、拒学的困境 / 马莉编著 . -- 济南：济南出版社，2025.7. -- ISBN 978-7-5488-7358-7

Ⅰ . G442；G78

中国国家版本馆 CIP 数据核字第 2025AU9666 号

重拾学习动力——陪孩子走出厌学、拒学的困境

CHONGSHI XUEXI DONGLI——PEI HAIZI ZOUCHU YANXUE、JUXUE DE KUNJING

马莉　编著

出版统筹	史　晓
责任编辑	刁彦如　杨中牧
封面设计	李　一
版式设计	曹晶晶

出版发行	济南出版社
地　　址	山东省济南市二环南路 1 号（250002）
总 编 室	0531-86131715
印　　刷	济南鲁艺彩印有限公司
版　　次	2025 年 7 月第 1 版
印　　次	2025 年 8 月第 1 次印刷
开　　本	170mm×240mm 16 开
印　　张	18.75
字　　数	240 千字
书　　号	ISBN 978-7-5488-7358-7
定　　价	59.80 元

如有印装质量问题 请与出版社出版部联系调换

电话：0531-86131736

编委会

编　著

马　莉

编写人员

孔　芳　孙　蕙　谭静怡　杨金霖　张婵娟　陈万霞

王小荣　张宏伟　辛　春　王　建　房宁娟　李　盼

潘月明　刘怡欣　李淑玉　王　玥　毕　莹　徐　爽

他 序

在书页间缓缓流动的墨香里，我触摸到了一份沉甸甸的忧虑与滚烫的期盼。当翻开《重拾学习动力：陪孩子走出厌学、拒学的困境》时，我如同开启一扇沉重的门，门后是无数挣扎的灵魂与焦灼的目光。作者以 30 年教育生涯为底色，在厌学、拒学浪潮席卷的现实中，以心为烛，照亮了这片被忽视的成长暗礁。

这是一面映照时代病症的镜子。书页间的真实案例，如一把把锐利的手术刀，精准剖开了"厌学、拒学"这一时代隐疾的复杂肌理。作者团队耗时数年，足迹遍布济南历下区几十所中小学校，召开 80 余次研讨会议，只为探寻那些"蛛丝马迹"。当厌学、拒学背后的真相被一层层揭开，我们看到的不再是简单的懒惰或叛逆，而是交织着社会压力、自我认知崩塌、家庭互动失衡的"归因地图"。它清晰地指向：当学习异化为冰冷的竞争指标，当校园空间在技术跃进中失去温度，那曾经渴望探索的心灵便悄然闭合。书中所揭示的"双面镜现象"尤其令人心颤——孩子在校的挣扎与在家的隐忍，撕扯着多少家庭的心，又折射出家校认知间那道亟待弥合的鸿沟。

这更是一面照亮突围路径的明镜。书中最具理论光芒与实践温度的无疑是其精心构建的"四步走"干预策略与"四视角模型"。前者（联结—希望—增能—改变）如一部细腻的成长协奏曲，从构建安全的情感联结开始，到点燃内在希望的火种，再夯实能力基石，最终导向自我超越的蜕变。后者（社会—自我—专业—干预）则如精密的探测仪，从宏观社会影响到个体心灵挣扎，从专业观察到具体破局策略，全方位扫描厌学、拒学困境。

作者深谙疗愈需系统发力，其独创的校园"I"计划模型巧妙弥合了专业深度与家长实操的鸿沟，让晦涩理论化为可拾级而上的温暖台阶，使专业心理教师、焦虑的父母及身处困境的孩子，都能从中找到施力点，看到希望之光。

作者拒绝将厌学、拒学窄化为个体心理问题，而是敏锐地将其置于更广阔的教育生态与社会图景中考量。书中对"病耻感"的剖析，直指社会标签对家长心灵的隐形禁锢；对家庭作为"温床"的深刻洞察，则超越了简单的归责，呼唤更深层的理解与系统性支持。这一切的背后，是对"教育何为"的持续叩问——学习动力真正的源泉，在于被看见、被理解、被赋予意义的完整生命体验。

本书还有一定的文学色彩，而且悄无声息地流淌于充满温度与力量的字里行间，水到渠成地用"心灯""钥匙""晴空"等意象编织起希望的经纬。作者的自序中那句"以爱为墨，以真诚为笔"，正是全书风格的写照。它将专业术语溶解于饱含同理心的叙述中，让冰冷的数据回归为有温度的生命故事。那些挣扎的少年、焦虑的父母、坚守的专业工作者，他们的困境与突围，在作者笔下汇聚成一部关于理解、救赎与共同成长的动人诗篇。

本书既是困境的解析图，更是希望的路线图。当我们透过书中这面"双面镜"，看清厌学、拒学现象背后时代、社会、家庭与个体心灵错综复杂的投影时，那条以理解铺就、用专业支撑、由爱心守护的突围之路也渐渐清晰起来。这不仅是一部献给焦虑的父母与教育工作者的实用指南，更是一份沉甸甸的社会启示——重拾学习的动力，本质上是重拾对生命成长复杂性的敬畏，重建一个能让所有心灵得以舒展、潜能得以绽放的健康生态。

愿每个在厌学、拒学迷雾中跋涉的人，都能循着书中星斗般的光点，找回那片属于自己的晴空。

陶继新

2025 年 6 月 25 日于济南

自 序

在成长的道路上，家长都渴望成为孩子最坚实的后盾，然而许多家长却陷入孩子厌学、拒学的泥潭中，力不从心、束手无策。这本精心打造的《重拾学习动力：陪孩子走出厌学、拒学的困境》，旨在为身处迷雾中的您点亮一盏心灯，携手探索儿童及青少年厌学、拒学背后的深层世界，共同寻找那把开启学习热情的钥匙。

跨越学习的障碍，聚焦厌学、拒学问题

如今，儿童及青少年厌学、拒学问题日益凸显，已成为学生、家长、学校乃至全社会面临的严峻挑战。本书聚焦 6~18 岁学生群体的厌学、拒学难题，不仅详尽阐述了如何敏锐识别这一难题，更通过一系列真实生动的案例，展现了孩子们在厌学、拒学困境中的亲身经历与心路历程。这些故事如同一面面镜子，映照出孩子们内心的挣扎与渴望，希望每一位读者都能感同身受。

此外，我们还特别邀请了经验丰富的心理辅导老师分享他们如何以专业之姿、温柔之手，引导孩子们逐步走出厌学、拒学的阴霾。这些宝贵的辅导过程，见证着每一个真实的成长瞬间与温情的力量。

献给每一位内心焦虑而坚定的你

面对厌学、拒学难题，我们深知许多家长心中那份难以言说的"焦虑"与"羞耻感"。当下的您或许情绪很糟糕，然而这些情绪化的反应虽出于爱，却无法解决问题，心底的"羞耻感"像一道隐形的墙，隔绝了理解与求助的桥梁。请您相信，跨越这道障碍，是我们共同的课题。本书愿成为那把钥匙，帮助您解开内心的束缚，寻求解决之道。当您越来越理解孩子时，焦虑会随之减少，与孩子之间的关系也将更加和谐、亲密。

因此，我们满怀诚意地把这本书献给每一位在育儿路上风雨兼程、内心交织着焦虑与坚定的父母。我们深知，您是孩子成长路上最坚实的后盾，渴望用智慧与爱为他们撑起一片晴空。因此，我们精心编纂，旨在为您提供一盏灯，照亮孩子未来的道路。

我们也热切期盼它能温暖教师、社会工作者及社区工作者，激发我们共同的使命感——携手为孩子打造一个更加健康、积极的学习环境。

这场旅程的主角——儿童、青少年，你们同样需要了解并接纳自己的情绪与困境。只有当你们学会自我认知与情绪管理，才能在面对挑战时更加从容不迫。因此，我们祈盼每一个成长故事，都可以陪伴你们走过这段特殊的成长旅程。

让我们共同翻开这本书，作为一次心灵的对话、一次知识的盛宴。愿它成为连接我们的桥梁，让您更加坚定、坚持、坚强地面对每一个挑战。

以爱为引，探寻走出困境之路

厌学、拒学，这股顽固且无形的力量，悄然间便能改写儿童、青少年成长的轨迹，从学业成绩的波动到对学校的抗拒，乃至极端逃避，甚至坠入深渊，每一步都牵动着我们的心弦。厌学、拒学情绪如同双面镜，一面映照出孩子在校的挣扎，另一面映照出孩子在家中截然不同的面貌。

面对厌学、拒学的儿童与青少年，心理辅导与治疗并非万能解药。深究其源，家庭环境往往是厌学、拒学情绪滋长的温床，不容忽视。因此，我们在寻求解决之道时，需保持敏锐的洞察力，跨越家校之间关于"逃离学校"背后的认知鸿沟。

在撰写本书的过程中，我们秉持初心，力求以爱为墨，以真诚为笔，将复杂的教育心理学知识转化为温暖人心的语言。我们摒弃了晦涩的专业术语，用日常对话缓缓揭开厌学、拒学情绪的神秘面纱，让每一位读者——无论是经验丰富的教师，还是满怀关爱的家长，抑或是社会各界的朋友，都能感受到我们的真诚，与我们同频共振，共同找到打开厌学、拒学困境的钥匙。

细心的读者可能会注意到，本书的书名包含了"厌学"与"拒学"两个关键词，而书中呈现的19个案例主要聚焦于行为表现更为外显和严峻的"拒学"青少年。这并非疏忽，而是基于我们对青少年学习困境的理解与实践经验。拒学往往是厌学情绪累积后的行动化表现，是学习困境中最具挑战性、也最需专业介入的"痛点"，两者几乎同时存在。我们深入剖析这些案例，展示成功干预拒学的过程，不仅深刻揭示了导致孩子不想学（厌学）的复杂成因，更生动地展现了如何通过系统性支持，以"重新踏入校门"这一关键行动，有效推动孩子内在动力的复苏。本书中的策略与方法，特别是由马莉老师提炼的核心原理（"四视角模型""拒学归因模型""四步走"干预策略）对于识别和化解更普遍的厌学情绪，具有重要的启示与迁移价值。剖析拒学，正是为了更有效地预防和应对厌学。希望我们在实践中提炼的方法与智慧，为处于困惑中的家庭和心理工作者提供参考，助力孩子们走出困境，获得成长的力量。

一次我和自己的奇妙对话

晨光熹微，我静坐在窗前，凝视着远方山东博物馆那宏伟的穹顶，白云悠然飘过时，我与自己进行了一场奇妙对话，思绪也随之飘远。

我（Me）：你好，我是马莉，一名在儿童与青少年心理健康领域工作长达十几年的心理教研员。现在，我心中有个念头愈发强烈——我想写一本书。曾几何时，我认为自己既无此能力也无此必要，毕竟，评职称不是我追求的目标。因此，我总以"非专业出身""写作非我所长"为由，婉拒了多次写书的邀请，将这份念头深埋心底。写书远不如我去讲课，给家长们和孩子们做心理辅导来得更游刃有余。但如今，有一个强烈的愿望如同春草般在我的心田里悄然生长——我要写本书，它源自我近期遇到的挑战。

自己（I）：能详细说说是怎样的挑战激发了您写书的强烈愿望吗？或许，这能帮助您更清晰地梳理出写书的思路与方向。

我（Me）：你知道，我并非心理学科班出身，而是一名化学教师。2010 年，命运的转折让我踏入了心理教研的领域。这十几年来，我与众多心理教师并肩作战，在儿童与青少年心理健康的道路上摸爬滚打。"心助力"团队的老师们总是充满信心，他们常说"遇到困难我们就解决它"，我们一起走出了重重困境。

自己（I）：听起来这些经历丰富且充满挑战，能具体谈谈你们遇到过哪些困难吗？

我（Me）：一直有个难题困扰着我和身边的心理老师们。许多孩子因各种原因不再愿意上学，或是频繁缺勤，甚至出现了极端行为。作为心理教研员，我们经常被问及："他们怎么了？"我们努力寻找答案，试图解释这一切，但有一个问题始终萦绕心头，让我们焦灼不已——我们原以为能突破的困境，至今仍在眼前，如同《西游记》中的火焰山，炽热而难以逾越。

自己（I）：好像这个困扰一直在侵袭着我们，让我们感觉束手无策。

我（me）：对，此刻我眼前出现了一个景象：十几年间我们翻过了一座又一座的山，走过了一道又一道的坎，走到今天，我们面前又出现了一座山，它可能不如以前的山高，但是它着着火，就像是《西游记》里面的火焰山一样。

自己（I）：这"火焰山"般的困境，确实让人倍感无力。但你们一定没有放弃，尝试了各种方法吧？

我（Me）：是的，我们尝试了所有能想到的方法，有的初见成效，有的却让我们陷入更深的迷茫。那火焰般的焦灼感，不仅笼罩着我们，也影响着周围的老师、班主任，以及那些在困境中挣扎的孩子们，还有在心理辅导室里面，面对我们或愤怒、或悲伤、或无奈、或无助、或难受的家长们。他们比我们更接近这座"火焰山"，比我们更焦灼，更痛苦不堪，甚至"火焰山"的那些火苗正肆虐地啃食着他们的家庭。于是，我和十几位专职心理老师无数次地聚在一起讨论，寻求对策，却始终找不到那把能灭火的"芭蕉扇"，我们也陷入"迷茫"。

自己（I）：面对这样的困境，你们是否发现了哪些策略是有效的，哪些策略是徒劳的？这或许能为你们找到新的出路提供线索。

我（Me）：在与这些厌学、拒学的孩子及家庭接触的过程中，我们愈发感受到作为心理工作者的责任与使命。我们深知，仅凭一己之力难以翻越这座火焰山。因此，我们渴望更多的心理工作者、班主任，尤其是家长们能够加入我们的行列，共同面对这一挑战。这份强烈的愿望，最终化为了我写书的动力。我希望通过这本书，分享我们团队在翻越"火焰山"过程中的点点滴滴。无论是成功还是失败的经验，都如同珍贵的珍珠，值得我们珍视与传递。

自己（I）：对啊，大家一起来想办法。

我（me）：我希望把我们这几年来探索翻越这座"火焰山"的过程，无论是成功、希望、失败还是沮丧，都像珍珠一般一一呈现在大家面前。我们可以把这些"珍珠"送给铁扇公主，问问能否换取她的芭蕉扇。我们可以把这些"珍珠"送给如来佛，问问他是否能帮我们去借一把芭蕉扇。或许我们可以把这些"珍珠"送给我们自己，问问自己能否编一把芭蕉扇。

自己（I）：你的想法极具创意与深度。

我（Me）：是吧？我们真的可以吗？

自己（I）：可以，不是我们可以，而是我们和大家一起，就一定可以。你别忘记了，还有我们的孩子们，他们虽然被暂时地困在了这座"火焰山"中，但是，他们也是有智慧的。

我（Me）：是的，你说得对。我们并非孤军奋战，孩子们、老师们、家长们都在与我们并肩作战。让我们用智慧与勇气，共同编织出一把能够熄灭"火焰山"烈焰的"芭蕉扇"吧！

自己（I）：我会一直陪伴在你身边，支持你面对一切困难。加油！

我（Me）：谢谢你，小"I"。感谢这一路走来的所有人和事，是他们让我们学会了成长与坚强。在本书中，我会与心理老师们一起化身为"艾老师"，我们一起携手，用爱与智慧，面对困境，共同前行！一起加油！

艾老师首谈"I"和"me"

▶ "I"和"me"的由来

我长期致力于青少年厌学、拒学心理辅导，帮助他们解决心理困扰。在一次心理辅导过程中，一个高中男孩和我交流了几次后，表达了他想要独立的想法，但不知道具体该怎么做。由于他英语成绩出众，我当时灵机一动，想到用英语中的主语"I"和宾语"me"作比喻，通过这种他熟悉的方式与他沟通，帮助他更深入地理解自我成长的内在挑战。

"I"作为主语，象征着独立和主导地位，而"me"作为宾语，虽然重要，却总是处于从属和次要的位置，是主语的补充。我用此作比喻，让他理解自己一直都处在"me"的位置，依赖父母对自己的认知和评价，并未真正掌握"I"的主体地位。这个比喻立刻让他意识到了自己的困境，他恍然大悟，感叹道："'I'象征着我内心的力量和追求，而我却仿佛被困在了'me'的泥沼中动弹不得，迷失了真正的自我。"

我进一步扩展了"I"和"me"的深层含义，告诉他："在人生的道路上，我们每个人都想努力成为'I'，拥有独立自主的精神和能力，去追求自己的梦想和目标。而'me'则代表着依赖和被动，它可能会让我们失去自我，迷失方向。"这个比喻不仅让他深刻地认识到了自己的问题所在，也激发了他内心深处的斗志和勇气。他决心要勇敢地走出"me"的状态，努力成为"I"，去追求属于自己的人生。这就是"I"和"me"的由来。它不仅源于我在个案辅导中的实际应用，更蕴含着深刻的人生哲理和启示。

▶ "I"和"me"应用于厌学、拒学辅导

随着接触更多厌学、拒学的青少年，我越来越强烈地感受到"I"和"me"在他们成长的过程中扮演的重要角色。这些孩子在成长的道路上，往往因为缺乏自信或者受到外界压力，陷入了暂时的"me"状态，从而感到迷茫和无助，对自我认识不清晰。他们渴望成为"I"，拥有独立自主的能力和精神，但却不知道如何迈出这一步。

我意识到，"I"和"me"不仅仅是一个简单的比喻，更是一个可以引导青少年走出困境，实现自我成长的心理隐喻。于是，我开始在更多的心理辅导过程中运用这个比喻，帮助青少年认识到自己的内在力量，激发他们的斗志和勇气。我还把"I"和"me"的意义应用到本书中，想要与家长们、团队的老师们一起探索如何与厌学、拒学青少年产生"联结"，寻找到"希望"，帮助他们"增能"，最终发生"改变"。

通过不断地实践和总结，对于"I"和"me"的意象也逐渐清晰起来，我发现"I"和"me"的概念就像是一条直线的两端，对于青少年的成长具有深远的意义。如何带领青少年从自我迷失的"me"状态，走向独立自主的"I"自我，是本书中我想要与家长一同探索的问题，去帮助青少年实现他内心真正的成长。

"I"和"me"为什么这么重要呢？现在我给大家出一个谜语，我先不公布谜底，期待大家看完第一章的19个案例之后，自己找到答案。

目录

第一章　四步进阶激活成长潜能　/ 1

第一节　联结——构建支持网络，激发成长起点　/ 3

第二节　希望——点燃内心火焰，照亮成长之路　/ 48

第三节　增能——提升自我能力，强化成长基石　/ 87

第四节　改变——实现自我超越，释放成长潜能　/ 136

艾老师再谈"I"和"me"　/ 185

第二章　四维视角透视厌学、拒学现象　/ 189

第一节　他者之见——社会视角下的厌学、拒学少年　/ 191

第二节　心灵之镜——厌学、拒学少年的自我认知　/ 214

第三节　智慧之光——心理老师的观察与思考　/ 230

第四节　破局之道——专业视角下的干预策略　/ 245

艾老师三谈"I"和"me"　/ 277

第一章

四步进阶激活成长潜能

联结——
构建支持网络，激发成长起点

小乖孩不上学了

人物档案

姓名：小安
性别：男
年级：小学四年级学生（10岁）
关键词：适应问题、家庭教育

一、每况愈下的小乖孩

新学期刚开始，心理辅导室就被学生开学适应不良的问题"挤爆"了，而最牵动人心的竟是往日里那个温顺懂事的小乖孩——小安。

刚开学时，小安还能乖乖来上学，但没过多久，他就频繁以肚子疼、鼻炎发作、感冒等理由向老师请假。班主任也察觉出异样，课堂上，他注意力难以集中，时常走神发呆；作业完成情况也每况愈下，字迹潦草、错误增多，学习状态直线下滑。

到了10月份，问题愈发严重，整整两周，校园里都不见小安的踪影。班主任多次联系小安家长，这才了解到，孩子现在变得异常抵触上学，一说到上学，便激动得大发脾气，甚至把自己关在房间里，任凭家人怎么劝说，都不肯迈出家门一步。家长带小安去医院检查，检查结果显示身体并无大碍，可他依旧不断地请假，坚决不愿再迈进校门。

面对小安日益严峻的拒学问题，班主任深感束手无策，只好来心理辅导室寻求帮助。面对这一紧迫的情况，我们决定主动出击，进行一次家访，试图以心换心，与小安建立起一座心灵沟通的桥梁，共同探寻他的困境之谜。

二、家访：联结小安的真实世界

在一个工作日下班后，我和小安的班主任一起踏入了小安的家门，映入眼帘的是一个一室一厅的狭小房子，客厅集厨房、餐厅等多功能于一体，卧室的门紧闭着，让狭窄的客厅更显得昏暗。小安的爸爸、爷爷和奶奶都非常热情，小安却佯装睡觉在屋子里不出来，奶奶一遍遍叫他，甚至拉他他都不出来。见此情景，我及时劝阻小安的奶奶，让她不要强求他了。家中的氛围，既有老人特有的慈爱与温暖，也隐隐透着一股难以言喻的压抑。

（一）　不想被妈妈监控

我们围坐下来深入交流，了解了小安家庭关系的一些具体情况。小安是家中的三代单传，是爷爷奶奶眼中的宝贝。小安爸爸的工作总是忙得不可开交，父子之间的交流极少，家中空间本就狭小，爷爷奶奶来了后，小安的爸爸常常以加班频繁为由在外留宿，对孩子平时的要求基本都满足，并不算严厉。小安的教育主要由妈妈负责，但近期因外出培训暂时离开家半年，小安的妈妈不放心小安，不仅通过电话、视频与小安保持联系，还特意在小安房间安装了摄像头，用手机随时查看小安的学习情况。说到这里的时候，我的心里不禁"咯噔"一下，小安妈妈的行为着实有些越界。

果不其然，在后面的交流中得知，由于小安要拿爷爷奶奶的手机看班级信息、提交作业等，从而开始玩手机，把控不住时间，写作业也变得拖拖拉拉。小安的妈妈见此愈发着急，为此和小安发生了许多次冲突。特别是在一周前的一次冲突中，小安愤怒地拔掉了监控摄像头，情绪激动地说："凭什么要一直监控我，我又不是犯人，我都没一点自由了。"爷爷奶奶为了不让小安玩手机，每天都会把手机藏起来，这反而让小安更加不满："我是拿手机提交作业，又不是光玩，你们怎么就不相信我呢，还把手机藏起来，反正作业完不成，去学校也得不到小奖章了，还不如在家待着。"就这样，随着时间的推移，小安的拒学问题逐渐加剧。

（二）　害怕老师批评

小安的班主任特别强调说："孩子都有自尊心，之前小安的妈妈在家时，小安的作业书写认真，完成度高。现在，他的书写质量下降，且经常无法按时完成作业，这让他感到难为情，不愿意去学校。"

小安的奶奶也附和道："是啊，有天早上都要背书包走了，想起作业没完成，害怕老师批评就不敢去了。"

（三）　爸爸去哪儿了

在家访过程中，小安的班主任对小安的爸爸直言："老人照顾孩子基本生活就很辛苦了，您作为父亲应承担更多责任。听说您很少带孩子出去玩？"小安爸爸对此感到羞愧，承认因工作忙而忽略了陪伴孩子。

此时，我们留意到卧室门口有身影晃动，显然小安在里头听着。一直心系小安的奶奶很快察觉了，匆忙进屋再次呼唤小安出来。小安应了一声后，我们跟进卧室，只见他蜷缩在衣柜与床的狭小缝隙里，眼中含泪，直说不舒服。奶奶拎着鞋，想给他穿上。现场气氛有些尴尬，我能体会到孩子此时内心非常复杂，身旁围着几个大人，还有许久未见的班主任和作为心理老师的我，对于内向敏感又自尊心强、向来被长辈宠溺的小安而言，此刻确实不宜僵持，更不能施压。

我赶忙开口："小安啊，今天你不舒服，咱们下次再谈，可以吗？"班主任也跟着鼓励说："同学们都很想你，等你好了，老师在学校等你！"我向班主任使眼色，示意先别提上学之事，班主任心领神会，准备离开。奶奶见状，忙给小安穿鞋，让他出来送客。我们出门时，小安的爸爸电话响个不停。我问："您单位还有事？"他解释今天下午是请假回来的。我说："看得出来您对孩子还是很上心的，不过您得先调整自身状态，不要把孩子全托付给老人，多陪陪孩子，听听他的想法。"小安的爸爸听后不停地点头。班主任又着重提醒："您得抽时间陪孩子，哪怕去公园逛逛，出去吃点东西也好啊。"小安的爸爸连忙答应，出去打电话推掉了工作。

"这是不可能的事！"身后突然传来小安质疑的喊声。我回头，见他坐在床上，冲门外大声说："你们走了，他就接着去工作了，还整天和朋友喝酒聊天！"小安的爷爷奶奶在一旁不知所措，直说孩子口无遮拦，可他们哪里知道小安内心的委屈。

我轻声问小安："你是对爸爸失望了吗？"小安委屈地控诉："是啊，每次我想找爸爸时，他总是在忙！"这是他内心对父爱的深切渴求。

小安的爸爸打完电话回来，我问："孩子不相信你，你能推掉工作陪孩子吗？"他立刻答："没问题，我已经处理好了。"班主任顺势对小安说："那你监督爸爸，随时向我汇报他带你去哪儿玩了。"小安双手抱胸，抛下一句："那就拭目以待吧！"此刻，他没有了先前的抗拒与倦怠，我看到他眼里充满期待。

我们准备离开时，小安的爷爷奶奶热情相送，小安的奶奶又去拉小安出来和我们道别。我再次嘱咐道："孩子大了，有自己的想法，有些事放手让他自己去做，上学的事别急，别天天催。"小安看向我说："就是啊，爷爷奶奶天天催得我都烦了。"此时，我感受到小安开始对我有了认可与信任，我便向他点了点头。

小安的爸爸送我们出门后，班主任叮嘱小安的爸爸要多珍惜亲子时光，不要再让孩子失望。我也补充道："家庭关系需及时调整，男孩教育尤其需要爸爸参与和引领。"小安的爸爸连连点头，说："他妈妈还有一个多月就回来了，爷爷奶奶身体不好，我打算送他们回老家，中午的小饭桌也不让孩子去了，我多在家照顾孩子。"听到这话，我感觉小安的爸爸要回归家庭了。

三、拨开小乖孩成长的迷雾

（一）家庭基石动摇：妈妈缺席带来的震荡

家访结束后，我深入剖析小安的情况后发现，主要教育者的改变无疑是引发问题的关键导火索。多年来，小安的妈妈在小安的成长过程中扮演着主导的角色，事无巨细地全方位把控他的学习与生活节奏。从每天清晨起床准备的衣物、营养搭配的早餐，到放学后监督他做作业，妈妈的身影无处不在。在这样的过度照顾下，小安习惯了按照妈妈的指示做事，自己探索和解决问题的能力受到了很大的限制。因为妈妈外出培训学习暂时离开了家，小安的生活没有了主心骨，他熟悉的稳定生活突然发生了变化。他就像一只在茫茫大海中失去了方向的小船，随着时间的推移，这种焦虑和不安转化成了身体上的各种症状——肚子疼、鼻炎、感冒等，这些生理反应正是他内心焦虑和不安的外在表现，反映出家庭结构失衡带来的巨大影响。

（二）隔代溺爱隐患：祖父母养育的误区

小安的妈妈暂时离开家后，爷爷奶奶来补位，本是一番好意，却因溺爱将小安引入了新的困境。他们心疼孩子缺失母爱，于是毫无原则地迁就、放纵，使得小安在这温柔的"陷阱"中逐渐迷失。此时，手机游戏趁虚而入，大量占用了小安的时间与精力，致使他作业质量降低，甚至完不成。当妈妈和爷爷奶奶意识到问题的严重性，试图纠正时，矛盾与冲突瞬间爆发。家里充满了争吵与哭闹，小安与妈妈原本亲密的关系也变得剑拔弩张。这种混乱无序的家庭互动，不仅让小安的情绪控制力变差，也大大降低了他的学习热情。

（三）　成长灯塔缺位：爸爸的失职

男孩成长的过程中，爸爸应起到指引方向、给予支撑的作用。但小安的爸爸因工作繁忙，常常缺席小安的成长，面对生活、学业上的挑战，小安感到孤立无援，渴望得到爸爸的帮助却屡屡失望，孤独感与无助感在心底扎根，愈发强烈。

（四）　学业缺失自信：多重困境的连锁反应

由于小安频繁请假导致学习中断，知识出现断层，作业完成度低，曾经依靠妈妈的监督与帮助轻松收获的学习奖励，如小印章等，如今已遥不可及。加上老师的批评、同学的异样目光，进一步加深了他在学业上的挫败感和逃避倾向。

四、成长——打开联结窗口，让阳光照进心房

由于妈妈的过度包办，让小安缺乏自主能力和解决问题的能力。妈妈暂时离开家后，爸爸也没有担负起养育责任，使小安陷入迷茫；加上爷爷奶奶的宠溺导致小安更加迷失方向；学校的学习压力也让小安感到沉重。

这些原因使得小安退缩，不愿上学。作为心理老师，我开始了帮助小安成长和促进学校、家庭合作的多维度协同：家庭成员齐心协力，给予小安适度的关爱；班主任悉心配合，积极引导；心理老师打开小安的心结，给予足够的支持。多方协同同步完成联结，共同帮助小安重拾对学业的热情，重新迈进校园。

（一）　家长：适当放手，拉近彼此心

在孩子的成长过程中，家庭无疑是孩子温暖的避风港，其关键作用不言而喻。小安因家庭问题陷入困境，促使家长做出积极改变是解决问题的关键所在。

每个家庭成员都要明白自己在孩子成长过程中的职责与界限。爷爷奶奶不要溺爱孩子，爸爸不要忽视孩子的感受，尤其是小安的妈妈，要有意识地减少对孩子的包办与监督。一些日常小事，比如准备第二天上学要用的文具，妈妈不要再全部代劳，即使孩子一开始可能会出现丢三落四的情况，也要沉住气，允许孩子在自主做事过程中犯错，因为这是成长必然要经历的阶段。

为了缓解母子分离焦虑，家长和小安可以制订一个合理的相聚计划，通过视频通话、节假日团聚等方式，让小安感受到妈妈的爱从未远离。如果小安能感受到妈妈的爱，那么亲子间的联结也会愈发紧密。在手机使用和时间管理等问题上，建议家长与小安共同制订明确规则并一致执行，这样不仅减少了不必要的监控，还能逐渐培养小安的自主性和责任感。

家长适当放手，让孩子在自主探索中成长，看似拉开了身体的距离，实则拉近了彼此的心灵距离，让家庭成为孩子真正的力量源泉，亲子间的情感联结也将伴随孩子一生，成为他们最宝贵的财富。随着妈妈的回归、爸爸的补位、爷爷奶奶的退出，家庭建立起全新的联结方式后，小安才能背起书包，勇敢地迈向学校。

（二）　班主任：悉心观察处，温暖联结时

作为心理老师，我深知与班主任共同协作的重要性，我们共同关注小安的回校状态。班主任懂得，理解和共情孩子是建立良好师生关系的基础。她尝试仔细观察小安的学习状态和日常表现，耐心倾听小安的烦恼与困惑，用真诚和善意去回应他的需求。班主任通过陪伴与关怀、个性化的补习计划，帮助小安尽快赶上学习进度。在这个过程中，她与小安逐渐建立了深厚的情感纽带，也让小安感受到了校园的温暖与关怀。这种紧密的联结，不仅帮助小安在校园中重燃希望，更让他减轻了学业上的压力，取而代之的是对知识的渴望和对未来的憧憬。

（三）　心理教师：打开心支持，推动新成长

在小安陷入"困境"的日子里，我作为心理老师，深知走进他内心的重要性。通过家访，我敏锐地捕捉到他低垂眼眸下的痛苦与欲言又止的挣扎。

回到学校后，我立刻针对小安的情况展开研究分析，随后每周都会和他相约在温馨的心理辅导室。在这里，我们没有距离感，就像朋友一样，分享生活中的喜怒哀乐。除了给予情绪支持，我还针对他的学习能力、兴趣爱好和人际交往能力展开辅导。

在与小安讨论学习方法时，我发现他的学习基础还不错，但缺乏系统的学习策略。于是，我们一起绘制思维导图，将零散的知识点串联起来。我手把手地教他如何将知识点分类归纳，每当他完成一个小模块时，我都会送上鼓励的微笑和肯定的话语。看着他逐渐掌握学习方法，眼中闪过欣喜的光芒时，我知道这些小小的进步对他来说意义非凡。

了解到小安对军事有浓厚的兴趣，我以此为契机，陪他一起探寻相关内容。我们一起查阅资料、讨论历史战役，让他在兴趣中找到了自信与快乐。人际交往方面，考虑到他性格内向，我特意在心理课上组织小组互动

游戏，鼓励他主动参与。一开始，他有些害羞，但在我的引导下，他慢慢敞开心扉，主动与同学交流、合作。现在，他在班上交到了朋友，笑容也越来越多了。

我的工作不仅要帮小安解决眼前的问题，还要帮他构建心理支持系统。家校共同努力一段时间后，小安眼中重新闪烁起希望的光芒，他正勇敢地迈向新的成长阶段。

辅 导 手 记

扫描二维码
观看视频

（一）让鼓励、信任搭起孩子成长的桥梁

在小安的成长过程中，妈妈的过度包办让他缺乏自主能力与自信。在心理辅导过程中，我引导妈妈适当放手，鼓励小安表达自己的想法，独立做事，在此过程中，他的自我发展能力得到了提升。由于家庭照料者的临时调整，小安在学习上一度出现了懈怠和迷茫。我与班主任一起为他制订了个性化的学习计划，鼓励他自己安排学习时间和学习任务。同时，通过外在奖励机制激发他内在的学习动力。慢慢地，他开始主动完成作业，主动探索知识，自主学习能力有了显著提高。

（二）让积极沟通铸就孩子踏浪的航母

每个家庭成员都应该积极参与家庭沟通，分享自己的想法和感受。家长可以定期组织家庭会议，让孩子也有机会表达自己的意见，这样可以避免误解和矛盾的产生，为孩子营造一个和谐的家庭氛围。家长不要溺爱孩子，要适当放手，让孩子自己去尝试、去探索。在孩子遇到困难时，给予适当的指导和鼓励，而不是直接帮他解决问题，这样可以培养孩子的独立性和解决问题的能力。家长不仅要关注孩子的物质需求，还要关注孩子的心理需求，多与孩子交流，了解他们的内心世界，给予他们足够的关爱和支持。当孩子出现情绪问题时，要及时给予疏导，帮助他们走出困境。

坚持 43 天的叫醒服务

人物档案

姓名：小敏
性别：女
年级：小学五年级学生（11 岁）
关键词：家庭教育、性格原因、习惯养成

一、该怎么办？——进退两难的妈妈

班主任给小敏妈妈打来电话，问小敏今天为什么又没来学校。小敏妈妈说："老师，小敏今天不舒服，给她请一天假吧。"

放下电话，小敏妈妈看向蒙着被子呼呼大睡的女儿，自语道："这可怎么办啊？这孩子总是不上学也不是个事啊！她都上五年级了，课业也变多了，不去会落下很多功课的。"情急之下，小敏妈妈去扯小敏的被子，并大声地说："快起来！快去上学！老师来电话了，每次都得让我和老师请假！"小敏被吵醒，一股怨气涌上心头，冲妈妈大声叫嚷着。小敏妈妈气急败坏地大声说："你这小妮子，爱去不去！你也不为我想想，总是让我进退两难！"

小敏妈妈推着装满小商品的车子走出院子，来到街上，正好碰见小敏学校的校长，她着急地说："校长，您快帮帮我吧，我家孩子又不上学了！我实在没招了！"

二、到底怎么办？——委屈又害怕的小敏

安顿好学校的工作，我九点就来到小敏的家"一探究竟"，只见孩子

睡在床最里面的角落里，用被子紧紧地蒙着头。我好说歹说，孩子才坐起来，但是头一直埋在被子里，怎么也不肯看我，更别说和我聊聊了，这可怎么办？

幸好我早有准备，平常遇到不太愿意说话的孩子，我都会使用 OH 卡牌①或画画的方式，打开孩子的"沟通之门"。这时的我庆幸自己在家访前顺手将 OH 卡牌放进了包里，这回派上用场了。"小敏，我这里有一些卡牌，你可以看看吗？"我用 OH 卡牌把孩子吸引到床边，她依然裹着被子靠在床头，不肯下床。这已经很有成效了，虽然她仍有戒备心，但是已经不再拒我于千里之外了。

这时的小敏嗫嚅地问我："是校长让你来的吗？"

"不是，因为我和你妈妈比较熟，是你妈妈拜托我来和你聊一聊，可以吗？"虽然我没有说实话，但是善意的谎言也是为了拉近我和她之间的距离。

可能是 OH 卡牌有趣，加上我不急不躁，让小敏从一开始的不理不睬，慢慢开始对 OH 卡牌感到好奇，放下防御的她不一会儿就和我玩了起来，一连抽完三张卡牌。短短十几分钟的交流，小敏语言表达流畅，认知也没有问题。随着越来越熟悉，我们的谈话范围也在慢慢扩展，我瞅准机会，温和地问她："小敏，你为什么不去上学啦？"

"我也不知道为什么。"小敏低声说。果不其然，小敏对于自己不去上学这件事也很困惑，不明白自己到底怎么了，更不知道该怎么办。

用 OH 卡牌打开话匣子的小敏，说起了自己的心事。

（一）　一年级，妈妈是我的保护伞

从一年级开始，只要小敏不愿意上学，妈妈就依着她，给她请假；

---

① OH 卡牌，又称潜意识投射卡或潜意识直觉卡，由 88 张图像卡和 88 张文字卡共同组成，是一种心理投射测试工具，旨在帮助人们深入探索内心世界。

小敏不爱写作业，妈妈就替她写。由于经常不去上学，又不用天天写作业，小敏觉得这日子简直太开心了，这样闲散的生活用小敏的话说就是"习惯了"。

（二）上五年级以来，妈妈变了

语文、数学、英语作业越来越难，小敏又隔三岔五不去上学，书本上的知识会得也不多，就更加不愿意写作业了。随着作业变得越来越难，妈妈也有心无力，不能替她写作业了。妈妈平时要忙着照顾弟弟，还要每天出摊卖东西，对小敏的事情管得也越来越少。有一次小敏没有去上学，在家里睡大觉，妈妈发现的时候已经是下午了，妈妈生气地打了小敏。"那次，我可生气了，而且也很委屈，觉得妈妈不爱我了，也不管我了。"说到这里，小敏的大眼睛里面充满了泪水。

在没有妈妈管着的日子里，小敏每天玩手机玩到后半夜，早上其他同学去上学时，她就在家里补觉。有时候被妈妈骂得多了，她也会硬着头皮去学校待上一两天。但是她落下的功课太多了，上课根本听不懂，这让她感觉很沮丧。小敏不愿意和同学交流，有时候在学校一天都不说一句话，还有同学给小敏起外号，这让小敏觉得很不舒服。"总之，上了五年级后，妈妈就老是催我去上学，对我又打又骂。上学对我来说就是煎熬，我不愿意上学！"小敏使劲地低着头说。

我对小敏说："谢谢你对我的信任，让我走近了你，我感受到了你心里的那种无奈、焦虑，你感到无所适从，这种感觉的确很难受。"这时候，最好的处理方法就是把我真实的感受反馈给她，帮助她"照见"自己。

"小敏，你最喜欢学校的什么地方、什么课呢？"

"我最喜欢放学铃声，那就是我的'救星'。语文和英语还能听懂一点点，我喜欢上美术课，喜欢画画，美术老师说我有绘画天赋。"原先低着头的小敏突然眼中闪烁出了"希望的星星"，原来她也有喜欢的事情啊，真好！

三、小敏为何与学校产生"断裂"？

（一）　松散的低年级家庭教育，让不去上学的小敏有了可乘之机

在小敏的成长过程中，妈妈开始采用的是放纵和溺爱的方式。只要孩子不想去上学，妈妈就纵容孩子，帮她请假，替孩子写作业。妈妈的这种养育方式，与学校的"社会化"管理方式相比，使得小敏自然选择了舒适的家庭，而渐渐疏远了"严格"的学校。

（二）　高年级的严苛教育，将小敏推到了拒学边缘

到了小学高年级，妈妈无法再替小敏写作业，也担心她完不成学业，开始变得严厉。小敏在这种高压态势下，无法适应，自控力也不足，所以她选择"离开"也是人之常情。

（三）　黏液质的小敏，无法从朋辈中获得力量

在与小敏的交谈中我发现，小敏的气质类型属于黏液质，情感和行为动作迟缓，缺乏灵活性；意志方面常表现为胆小怕事、优柔寡断。处于青春期的小敏，不善交往，较为孤僻，不合群，不能够与同学正常交流，几乎没有朋友。所以，当她遇到困难的时候，她无法向同学寻求帮助，获得成长的机会。于是，面对外界压力，小敏选择了"逃离"。

（四）　小学高年级学业压力加大，是小敏拒学的导火索

从一年级开始，小敏就没有按时到校，接受正常的学校教育，因此不能适应学校生活，社会化程度很低，不能顺利完成课程学习，无法获得勤奋感。转眼到了小学高年级，随着学业压力增大，小敏更是无所适从，"听不懂"的背后是深深的自卑和无助。

四、守护——小敏，我们一起上学去！

（一） 小卡片·大联结——搭建求变心桥

第一次到小敏家时，我用 OH 卡牌打开与她沟通的路径。小敏很快抽出一张卡牌（如图一所示）来表达此时自己的心情。卡牌上画着一个人双手抱头，蹲在墙角，像极了我刚进门时小敏捂着被子缩在角落的样子。

图一

我：你觉得卡牌上的这个人心情怎样？

小敏：我觉得她很寂寞，很孤单。

我：那你认为她为什么这么孤单呢？

小敏：因为她没有朋友，她不习惯和别人在一起说话，她也不知道怎么跟别人交流。

我：要是可以的话，她可以怎么跟其他人交流呢？

小敏：她可以跟别人聊一聊各自的兴趣爱好。

我：如果她能够尝试与他人相处，可能会是什么样子？你再抽一张卡牌吧。

小敏又抽了一张卡牌（如图二所示）。

我：小敏，仔细看这张卡牌，你看到了什么？

小敏：我看到两个人在手拉手跳舞。

我：你感觉他们俩的心情怎么样？

小敏：（表情放松了很多）挺开心的。

用心倾听，用心交流，是打开与小敏沟通的

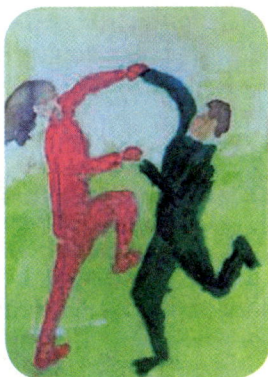

图二

法宝，也是学校心理辅导中经常使用的"特效药"。

小敏的拒学行为是一面镜子，照出来的是孩子内心的恐惧和迷茫。无论是老师还是家长，唯有用心去走近孩子，才能拨开云雾，发现孩子内心的渴望和需求。

（二）　微互动·强内心——筑牢安全港湾

小敏太需要一个稳定的陪伴者来关注她、理解她，而当她的内在有一个稳定的客体住进来以后，她就会有力量去面对困难。

经过几次心理辅导之后，我发现小敏内心是渴望去上学的，也期待妈妈和大家关注自己，于是我和小敏展开了讨论，看看我们如何战胜上学这个"小魔头"。可爱的小敏提出："老师，您可以陪我一起战胜困难吗？"

"可以啊，当然可以。"我毫不犹豫地答应了。

于是从那一年3月4日早上到5月11日早上，全程九周零四天，我一共坚持了43天的叫醒服务。这段时间里，我一早就去小敏家，叫她起床，督促她洗漱，按时到学校。我一天至少去一趟小敏家，有时去两趟。同事们知道后都说，这得需要多大的耐心啊。但是我觉得，每一次叫她起床上学，都是我与她内心的一次微联结，而每一次的联结都在增强她走进学校的动力，这正是我作为心理辅导老师对孩子深深的爱。

（三）　小转变·大支持——联结亲子纽带

每次去小敏家，小敏的妈妈都非常配合，对我十分感激，我提出的建议她也能基本完成。小敏家原来是四口人挤在两张并排的床上，既不整洁，也不方便，我建议给小敏购置单独的小床，再给她配上写字桌，孩子在家有了存在感，学习也会更有劲头。良好的家校合作提高了教育合力，使心理辅导产生了良好的效果。

坚持了43天的叫醒服务，真的在小敏身上产生了效果。有的时候，小敏会在家门口等着我，也基本习惯于我的督促。虽然小敏有几次因身体不适请假，但是在我的督促下，很快就能在身体恢复后立即上学。到了学期中段，小敏竟然能够自己起床，主动到学校了！当我看到小敏背着小书包，戴着鲜艳的红领巾，站在学校门口，微笑着向我走来的时候，我的心里甭提多高兴了！

辅导手记

扫描二维码
观看视频

（一）孩子不愿意上学，这是一种求助信息

在工作中，我们发现，孩子出现对学习的"厌"和"拒"，其实更像是孩子在自己的学习生活中遇到困惑，又找不到解决办法，而发出的求助信息。如果这些"信息"背后深层的需求不能被真正看到和理解，家长就急于把孩子送回学校，往往会导致孩子产生更强烈的抗拒，甚至封闭自己，拒绝和家长沟通。当孩子出现厌学、拒学的行为时，家长需要先对孩子的这种行为有充分的理解、必要的接纳，为孩子营造出一个安全的心理空间。

（二）孩子出现厌学、拒学现象，这是一种调节信号

当孩子出现对于学习的"厌"和"拒"时，也许是我们的家庭教养方式需要调整了。要想让孩子建立正确的学习态度，家长不可过于严厉，更不能经常指责和批评，反之也不能过度溺爱，对孩子的学习无要求。家长可以在征求孩子同意后，与老师取得联系，了解并接纳孩子的学习实际状况，给予适当的建议和支持。

（三）孩子出现厌学、拒学现象，这是一次改变机会

当孩子出现厌学或拒学行为时，我们要首先知道这是一次孩子和家长都需要改变的机会。那么需要改变哪些呢？首先，关注与倾听。家长要鼓励孩子讲出厌学、拒学的原因，不管孩子说什么都要耐心听完，不打断，不急于批评。其次，支持与引导。如果孩子是因为学习上遇到难题而厌学，家长可与孩子一起分析，寻找解决办法。再次，兴趣与激发。家长要了解孩子的兴趣爱好，将兴趣与学习结合，激发孩子的学习动力。

孤独的男孩

人物档案

姓名：小柯
性别：男
年级：小学五年级学生（11岁）
关键词：情绪问题、分离焦虑、家庭结构

一、焦虑的母亲

小柯的妈妈给班主任李老师打来电话，说："孩子今天又不想上学了，这样的情况都好几次了。我从早上做好饭就开始叫他起床，叫了半天都叫不起来，本来我想让他再睡五分钟就叫他起来，结果他一直嘴上答应，但就是不付出实际行动。他爸爸不在家，一直打电话叫他起床，爷爷奶奶也劝他起床，他就是不起床，不去学校，我就和他产生了冲突，后来都把我急哭了，我严厉地指责了他。"

这不是小柯第一次出现类似今天的情况，之前还有比今天更严重的情况。有一次，小柯甚至一天都没有去上学，小柯的妈妈也不知道他究竟为什么会这样，担心万一以后他慢慢不想去学校、不想学习了该怎么办呢，一家人像热锅上的蚂蚁一样非常焦虑。

当班主任李老师向我讲完小柯的事情后，还提到小柯想约学校的心理辅导老师聊一聊，于是我们约好时间，在心理辅导室见面。

二、孤独的男孩

刚来到心理辅导室时，小柯对这里的一切都比较好奇，他东看看西看看，虽然是第一次来这里，但是能感觉出来小柯还是比较放松的。我做了简单的自我介绍后，我们便开启了对话。小柯是非常好动的孩子，语调轻快、音量适中。随着对话的深入，我对小柯的成长过程、上学状态等有了更深刻的了解。

（一）　"我"很孤单

小柯自幼在姥姥家长大，姥姥姥爷十分宠爱他，直到上小学时才回到父母身边。自从回到父母身边后，小柯由爷爷奶奶负责他的饮食起居和接送上下学。

我：小柯，你在姥姥姥爷身边长大，他们一定对你很好，你很开心吧？

小柯：嗯，姥姥姥爷总是给我买好吃的，陪我玩，我觉得好幸福。

我：真是太好了，姥姥姥爷给了你很多爱。当你看到别的小朋友和他们的爸爸妈妈在一起的时候，心里会不会因为想爸爸妈妈而有点难过？

小柯：会的，有时候我会想他们，感觉自己有点孤单。

我：小柯，你真的很勇敢，能够把自己的孤独感受说出来，这并不容易。但这样做能让你心里好受一些，也能让我们更好地理解你、支持你。

小柯：谢谢老师。我觉得说出来之后，真的感觉好多了。

我：我很高兴听到你这么说，小柯。你知道吗，孤独是一种很常见的感受，很多人都会经历，重要的是我们要学会面对它、表达它，并找到克服它的方法。

小柯：可是我还是会担心，万一爸爸妈妈不理解我，或者觉得我太任性怎么办？

我：小柯，我能理解你的顾虑。但是，请记住，你的感受是真实的，你有权利表达它们。而且，你的爸爸妈妈一定是很爱你的，他们可能会因为忙碌而忽略了一些细节，但这并不意味着他们不关心你。你可以试着用温和、诚恳的语气和他们交流，告诉他们你的感受，以及你希望他们该怎么帮助你。我相信，只要你真诚地表达出内心的想法，他们一定会认真倾听的。

小柯：我会试试的。老师，您说得对，我应该勇敢地表达自己内心的想法。

我：小柯，你真的很棒。记住，无论何时何地，你都不是一个人在面对困难。你的家人、朋友和老师都会一直在你身边支持你、鼓励你。而且，你也可以尝试多参加一些社交活动，结交一些新朋友，和朋友在一起的时光总是很快乐的，也能让你感受到更多的温暖和陪伴。

小柯：好的，老师，我会试试看的。谢谢您一直在我身边支持我！

（二）　"我"实际不想来学校

我：你在学校的心情怎么样？

小柯：一般吧。

我：如果让你给在学校的感受打分，0 分最低，代表心情极差，10 分最高，代表心情非常好，你会打几分呢？

小柯：6 分吧，不好也不坏。

我：非常感谢你能真实地反馈你的感受。如果还是用 0~10 的分数打分，你喜欢来上学的程度有几分？

小柯：3 分吧！我实际上不想来学校，我不喜欢学校。

我：你能说一下你为什么不喜欢学校吗？

小柯：我就是不喜欢学校，每天都有作业需要写，我感觉我一写作业就要被他们说，所以我就不想来学校，不喜欢学校。

我：你能说说，他们是谁吗？

小柯：就是我爷爷呗，我爷爷对我要求挺严格，我感觉我在他眼中一无是处，做什么都是错的，所以我就什么都不想干，不想上学，不想写作业。

我：小柯，我完全能感受到你对学校和作业的抵触情绪，以及爷爷的高标准给你带来的压力。这种感觉就像是被重重的壳包裹着，让你难以呼吸，更难以享受学习和生活的乐趣。

除此之外，我还了解到小柯在学校的人际关系处理上也感到困惑，这无疑增加了他不想上学的情绪。复杂的人际关系确实会让人感到压力，特别是对于还在成长中的学生来说。小柯可能需要一些指导和支持，比如学习有效的沟通技巧，了解如何在不同的社交场合表达自己，以及如何建立和维护积极的人际关系等。

（三）　"我"其实很害怕

我：你爷爷对你比较严格，除了让你觉得难受之外，你还有别的感受吗？

小柯：没什么其他感受，就是觉得难受呀。

我：如果我说你爷爷对你比较严格，是想让你成为更好的自己，你认同吗？

小柯：好像是这样，不过我之前确实没往这方面想，就觉得他对我严格而已。老师，听您这么说，我好像心情好点了。

我：那你对上学还有别的感受吗？

小柯：我有点害怕，我不想离开爸爸妈妈。

我：小柯，害怕上学的感觉真的很不舒服，特别是当你担心离开爸爸妈妈的时候。这种害怕的感觉，很多同学都会有的。

小柯：是的，我就是不想离开他们。

我：我明白，和爸爸妈妈分开确实很难。但是，你知道吗，爸爸妈妈虽然不能一直陪在你身边，但他们的爱和关心一直都在。你在学校的时候，他们也在想你，希望你在学校过得开心。

小柯：我知道，但心里还是害怕。

我：小柯，害怕这种情绪呀，有时候不请自来，让人有点手忙脚乱，不知所措。你能勇敢地告诉我你感到害怕，已经非常了不起了。

小柯：谢谢老师，但我觉得我还是很胆小。

我：胆小没关系的，每个人心里都有那么一块柔软的地方，会对某些事情感到不安。你并不是一个人在面对害怕这种情绪，很多同学都会感到害怕，包括我，我在小时候也有过类似的感受。害怕不代表你不勇敢，它只是说明你是个感情丰富、心思细腻的孩子。

小柯：真的吗？老师你小时候也曾害怕上学吗？

我：当然啦，我也有过不想离开家、不想去面对新环境的时候。但后来我发现，学校也是个能遇到很多好朋友、学到很多新知识的好地方。而且，每次我放学回家，和家人分享学校里的趣事时，我会感觉特别开心。

小柯：嗯，我好像也有过这样的时候，跟同学一起玩也挺开心的。

我：对啊，你看，你已经在学校里找到快乐了。我们可以试着把上学想象成是一次小小的探险，虽然开始时可能会感到有点紧张，但过程中会有很多意想不到的惊喜和收获。而且，随着时间的推移，你会发现自己越来越适应，越来越自信的。

小柯：老师，听你这么说，我好像对上学没那么害怕了。虽然还是有点担心，但好像可以接受了。

三、究竟什么绊住了他的脚步？

我不断深思，试图穿透层层表象的迷雾，去探寻导致小柯拒学的根源所在。经过反复推敲与细致分析，我终于逐渐厘清了那些隐藏在复杂现象背后的真正原因。

（一） 拒学是内在恐惧的现实表现

我意识到小柯拒学的深层原因之一，是他内心有太多恐惧。首先，小柯有严重的分离焦虑，他害怕离开父母，这反映出他对家庭环境的依赖和对未知环境的不安。学校作为一个相对陌生的社交场所，对小柯来说可能意味着要面对与父母分离的压力，这种分离感让他感到无助和焦虑。

其次，小柯害怕弟弟会抢走自己的爱，这体现了他在家庭关系中的不安全感。随着弟弟的成长，小柯感受到了来自弟弟的竞争压力，担心父母的爱会被分散或转移。这种担忧可能源于他对自己家庭地位的认知，以及对父母关爱的独占欲望。

最后，小柯害怕严厉的爷爷，这可能与他对权威和规则的恐惧有关。这种恐惧可能源于小柯对自己行为的担忧，害怕因为犯错而受到严厉的指责或惩罚。爷爷作为家庭中的长辈和权威代表，他的严厉会让小柯感到压抑和不安。

综上所述，小柯的拒学问题可以从他对父母的依赖、弟弟的竞争压力以及对爷爷严厉态度的恐惧这三个方面来深入理解。这三个方面交织在一起，构成了他拒学行为的深层心理原因。

（二）　养育者的不理解是加剧拒学的罪魁祸首

小柯的父母在面对小柯的拒学行为时，不是耐心地与他进行沟通和交流，而是对他进行严厉的指责和批评。他们认为小柯是在偷懒、逃避责任，完全没有意识到孩子内心深处的痛苦和恐惧。

妈妈总是抱怨小柯不懂事，不珍惜学习的机会，却从未真正倾听过小柯对于分离的担忧和对新环境的不适应。爸爸因为工作繁忙，对小柯的情况知之甚少，偶尔在家时也是一味地强调学习的重要性，对小柯的情感需求视若无睹。爷爷奶奶则受传统观念的影响，觉得小柯是被惯坏了，应该受到更严厉的管教。家人的不理解和强硬态度，让小柯感到更加孤立无援，仿佛整个世界都在与他作对。

在这种不理解的氛围中，小柯的内心逐渐封闭，对学校的抗拒也越来越强烈。他开始变得沉默寡言，不再愿意与家人交流，因为他知道，自己的想法不会被他们重视，自己的痛苦也不会被他们理解。而小柯的家人却始终没有意识到，他们的不理解和不当的处理方式，正一步步将小柯推向更加黑暗的"深渊"。

四、信任——让我们一起走出"困境"

（一） 转角——为你打开"心"旅程

当初接到小柯班主任李老师的电话后，我又接到了小柯妈妈的来电，她焦急地向我描述了小柯在家时的糟糕状态，特别是与爷爷之间的激烈冲突，以及小柯的自我封闭和绝食行为让整个家庭氛围极度紧张。

小柯来到心理辅导室后，我没有急于求成，奢望通过一次心理辅导就让他转变对学校的看法，马上积极投入到学习中。我深知，建立信任与情感联结才是关键的第一步。

（二） 共情——共同搭建"心"桥梁

当小柯敞开心扉，分享他的感受与经历时，我全神贯注地聆听，并不时地点头，用眼神与肢体语言传递我的态度。同时，我会适时地重复他的话语，精准地总结他的感受，就像用一面镜子清晰地映照出他内心的情绪，让他真切地感受到自己被理解、被支持。

我运用不同层次的共情来与小柯交流。初级共情主要针对他外显的情绪与行为。当小柯提到爸妈出差留他一人在家时，声音中带着害怕与不安，我温柔地回应："小柯，爸妈留你独自在家，你肯定特别害怕、孤单，这种感觉太难受了。"小柯因爸妈只看重成绩，考不好就被批评而情绪低落时，我关切地说："小柯，每次努力学习，却只换来爸妈对成绩的不满，你肯定又难过又迷茫，不知道该怎么办才好。"

而高级共情，则需要我深入挖掘小柯未言明的内心世界。拿小柯抱怨父母只看重成绩这件事来说，在初级共情后，我继续温和地说道："小柯，老师知道，你渴望的不只是学习成绩被认可，更希望爸爸妈妈看到你努力的过程，看到你在其他方面的闪光点。"当小柯说起自己在某学科上遇到的挫折，虽未多言，但我察觉到他脸上失落的表情，于是跟他说："小柯，我猜你一直对自己要求很高，这门学科遇到的困难让你特别沮丧，你希望能轻松攻克它，证明自己的能力。"这些对他潜在情感与渴望挖掘的话语，一次次触动小柯的内心，让他感受到自己被理解和认同。

就这样，在一次次深入细致的交流中，我和小柯之间架起了一座信任的桥梁。这座桥梁无比坚固，为后续的心理辅导工作筑牢了根基，让我更有信心帮助小柯走出困境，让他积极地面对学习与生活。

（三） 发掘——一起成长的"心"动力

每一个孩子都是独一无二的瑰宝，各自闪耀着与众不同的光芒，小柯亦不例外，他有着属于自己的独特优势与潜能。在心理辅导的过程中，小柯兴奋地分享了他对编程的浓厚兴趣，这是一个充满创意与挑战的领域，他仿佛找到了自己的热情所在。他不仅将这份热爱转化为实际行动，还在国际编程比赛中脱颖而出，取得了不错的成绩。在聆听小柯讲述他的编程成就时，我清晰地观察到了他身上的变化。他的背脊不自觉地挺直了，透露出一种难以言喻的自豪与自信，和之前的状态完全不同，好像变了一个人。

通过对小柯自身优势的发掘，一个更加优秀的他逐渐出现在我的眼前。小柯的经历让我坚信，每个孩子都蕴藏着无限潜能，只要我们用心去发现，去引导，他们便能绽放出最耀眼的光芒。

辅导手记

扫描二维码
观看视频

（一）倾听是打开沟通大门的钥匙

家长需要静下心来，倾听孩子内心的声音。这意味着家长要放下自己的焦虑与期望，用一颗平和而开放的心去倾听孩子的困扰、恐惧或是迷茫。家长在倾听的过程中，不要急于打断或评判孩子的话，要让他们感受到被尊重和被听见的温暖。家长可以适当地用"我理解你感到……"或"听起来你好像……"这样的句式来反馈自己的意见，让孩子知道他们内心的想法和感受被看见了。

（二）共情是连结心灵的良方

学会与厌学、拒学的孩子共情，是通往理解与沟通的重要桥梁。家长不仅要有耐心与爱心，更要具备深刻的洞察力与同理心。在这样的情境下，父母的角色不再仅仅是着急让孩子尽快回到学校或者尽快找到学习状态的催促者，而是成为孩子成长的引路人和坚强的后盾。

（三）关注是走出困境的纽带

家长要时刻关注孩子的情绪变化和心理需求。厌学、拒学的孩子往往有一定的心理困扰或压力，家长需要保持敏锐的洞察力，以便迅速捕捉到孩子身上微妙的变化，并积极主动地寻找合适的策略来应对和帮助孩子走出困境。同时，家长也要学会调整自己的心态和情绪，以积极、乐观的态度去面对挑战和困难。只有这样，才能与孩子共同度过这段艰难的时期，迎接更加美好的未来。

她是不是抑郁了

人物档案

姓名：悠然
性别：女
年级：初中二年级学生（14岁）
关键词：内向、社交恐惧、逃避

一、她是不是抑郁了？

初一刚开学不久，便有班主任打电话给我，说他班上有个女生叫悠然，从开学到现在一直没来学校。班主任很着急，频繁地与家长打电话沟通。悠然的妈妈也是又着急又无奈，无论他们怎么劝说，悠然就是不来学校，甚至连家门都不怎么出。时间长了，悠然的状态依然还是没有任何改善，悠然的妈妈愈发担心，她怀疑孩子是不是抑郁了，于是带悠然去了医院。

悠然的妈妈带她去医院检查，但医生未给出明确的诊断，只是建议孩子可以参加心理辅导。悠然参加了几次团体心理辅导，悠然的妈妈看悠然的状态依旧没什么起色，便不让她参加了。渐渐地，悠然的妈妈接受了女儿的这种情况，尽管心里着急，但她也知道悠然不可能一时半会儿就回去上学，于是让悠然在家里慢慢调整状态。悠然一开始并不怎么出门，后来渐渐地能够外出参加一些活动，例如学跳舞。班主任也时常与悠然的妈妈沟通，讲一讲班里的情况，好让悠然能对班里的同学多一些了解，加强熟悉感，帮助悠然尽快回归校园。

情况在悠然上初二时渐渐有了改变，她开始回来上学了，只不过并不能全天到校，几乎每天下午才能来上学。对于悠然经常不来学校这种情况，班里同学似乎很羡慕，觉得她不来上学该有多"快乐"。有一次，我在悠然班里上心理课，讲到了"内向"这个词，班上有个男生说了句"悠然一定是内向的"，其他同学也认同。在同学眼中，这个下午才来上学的悠然总是安静、孤独地坐在自己的座位上，并不主动与人交流，有些难以亲近，于是大家也很少主动与她交流。

二、不来上学真的快乐吗？

初二下学期，悠然接受了心理辅导的邀请，我才对她有了进一步的了解。

沉静、内敛，这是我对面前这个女孩的第一印象。她并不像我预想的那样过于紧张，不敢与我对视，或是言语含糊，问而不答。在我跟她交流时，她能够看着我的眼睛大方、流畅地回应我的提问，逻辑十分清晰，但不会主动分享些什么，她的回答有时会特别简洁，不会展开详述。我只能多加提问，才能了解她复杂的内心感受。

（一） 在学校很紧张

我：对于上学你有什么想法？

悠然：可以来，但是我不会想主动来。

我：如果让你用 1~10 分打分，1 分代表你特别想来学校，10 分代表你特别不想来学校，那你不想来学校的程度大概有几分呢？

悠然：大概 8 分、9 分吧。

我：即使你不想来的感受很强烈，但你仍能坚持每天到校，这是很不容易的事情。你在学校有什么感受呢？

悠然：在学校会很紧张。

我：这个紧张是由什么引起的呢？

悠然：我跟同学们不太熟，他们之间关系很好，可是我……

尽管悠然的话并没有说完，我却感受到了她处在那个情境中的紧张与不安。

（二） 复杂的心理斗争

说完在学校感到紧张后，紧接着悠然又来了句：不过有时来学校比在家里做心理斗争还要舒服些。

我（用感兴趣的表情看着她）：是怎样的心理斗争呢？

悠然：我不想来上学，但是内心却知道"上学是很重要的"，于是就会陷入纠结中，而且爸妈有时候会很强硬地让我去上学。

说着，悠然的表情开始变得有些忧伤。我想，这部分忧伤并非完全源自"不得不去上学"，而是当她无法去上学时，她觉得自己好像让父母失望了。

我想象着悠然所描述的两种情境并深入其中，感觉无论身处哪种情境都无法快乐。当她拒学在家的时候，内心被"上学是很重要的，可是你却不去上学，你真糟糕"的想法折磨；而当她来到学校，又因跟同学们不熟悉，无法融入其中而感到紧张。这时我才体会到，悠然的内心一直备受煎熬。

（三） 被内疚的情绪困扰

当我询问悠然当下的情绪感受时，她回答我说，她觉得很内疚。

我：能详细说说吗？

悠然：前段时间我一直没来上学，对家人感觉很内疚。最近奶奶生病住院，妈妈总是让我给奶奶打电话，说奶奶接到我的电话会很开心，病也能好得快一些。那一刻，我觉得他们把我看得很重要。

我：家人的举动让你感到你很重要，看来这样的感受也时常陪伴着你。

悠然点了点头，我觉察到了这两个感受之间的微妙联系：家人很关心和疼爱她，这让悠然感觉自己是重要的。可与此同时，她觉得一直不去上学的自己是"配不上"家人这样疼爱的，从而心生愧疚。

通过悠然，我看到了拒学学生背后的巨大痛苦，他们并非如别人羡慕的那样快乐，大部分学生是无法坦然接受自己不上学的状态的，更别提享受了。

三、到底为什么拒学？

随着沟通的深入，我对悠然的拒学问题也有了进一步的了解。

（一）　内向的性格带来了人际关系的困境

悠然性格内向，不擅长社交，不喜欢与别人交流。再加上很长时间没来学校，她在班里没有朋友，当同学聊天打闹时，她只能安静地坐在角落里，与其他同学格格不入，没有任何归属感。好朋友有时候就像一把保护伞，当学生因为学业压力或者一些不愉快的事情而产生不想上学的念头时，也会因为"我要去学校里见好朋友"而去上学。而那些内向、孤独、缺乏朋友的人，更容易拒学。

（二）　性格和人际关系模式往往源于早年亲子关系

孩子的性格与幼年时家长的养育方式、与孩子的互动方式有着重要关联。如果家长在孩子幼年时期疏于照顾、忽视孩子的需要，比如当孩子哭闹时没有及时安抚，会导致孩子缺乏安全感，形成敏感的性格。同时，孩子在幼年时期与家长的相处模式也是孩子未来与他人建立人际关系的良好根基，如果父母与孩子缺少互动、冷漠对待，比如家长没时间陪孩子玩耍，或者孩子兴奋地拿小玩具给家长看时，家长冷漠地让孩子别打扰自己，孩子便会缺乏与他人交往的能力，从而影响正常交友。

（三） 拒学其实是对社交情景的回避

悠然升入初中，面临着陌生的环境和同学，她对此感到紧张不安。面对新环境，出现紧张和焦虑的情绪是正常的。对于不喜欢社交的悠然，这种紧张感和焦虑感会比别人大很多。当人们在面对困难感到无力应对时，很容易选择"逃避"的方式。案例中的悠然在面对陌生的社交环境时，就选择了逃避上学。

（四） 额外获益成为拒学的温床

拒学在家的孩子，一定存在"获得好处"的部分。对悠然而言，拒学的获益首先是远离学校里让她感到紧张的社交情境，在家里比在学校感到更安全。其次，在家里她可以自己做一些自己喜欢的事情，比如做手工、玩手机，这些不受管制、倍感放松的休闲娱乐项目便成了悠然的另一项获益。除此之外，突然不去上学让悠然获得了家人更多的关心，原本更关心工作的妈妈将注意力转移到了她身上，这是悠然的隐藏获益。人都是趋利避害的，这些获益让她更加不想重返校园。

（五） 学业压力是不容忽视的现实问题

有不少学生早在小学阶段便已出现了拒学的苗头，但拒学行为的爆发却集中体现在初中阶段。因为初中阶段的学生不得不去面对学考、中考的巨大压力，这使得学生心理负担加重，原本学生觉得学校的烦心事自己尚能应付，而当考试、升学等学业压力一并袭来时，这些压力开始变得难以承受，最终导致学生拒学。

拒学的原因是复杂而多样的，一句"我不想上学"的背后，其实蕴含着悠然的焦虑、紧张和痛苦，比起盲目地希望她重返学校，我更希望她身边的人能理解和走进她的内心，看到她的挣扎与煎熬、焦虑和不安，再帮助她重拾希望，勇敢向前。

四、走进内向的她

在对悠然的情况有了一定的了解后，我发现她身上其实有很多"资源"，加上她的困扰主要在人际交往方面，我便把辅导的主要方向锁定在调动她身上的积极力量来改善她的社交困扰。心理辅导其实也属于人际交往的一部分，因此跟她建立良好的关系尤为重要。

（一）　兴趣——开启联结之门

第二次辅导一开始，我先询问悠然近期的状况如何，在收到了她"平淡如常"的回答之后，我开始询问她情绪方面是否有变化，来试图关注一些不一样的方面。

我：最近情绪有什么波动或者变化吗？

悠然：（陷入思考和回忆）最近一直都很平静，不过我想起一件事儿，就是周六、周天看的赛车比赛让我有些惊讶。

我顺着这个话题问下去，了解到悠然对于夺冠热门选手退赛感到惊讶。

当谈论起"赛车比赛"这件事时，她的语调变得激动了许多。

我：（我的语调也跟随着她变得激动起来）感觉赛车比赛好像激起了你的热情。你还有其他感兴趣的活动吗？

悠然：我下个月要参加cosplay（角色扮演）活动！

说到这里，悠然的脸上绽放出了特别开心的笑容，眼睛里闪烁着光芒。

我：（笑着回应）看来你特别期待。

悠然：是的。

谈论悠然感兴趣的内容，是我尝试与她"联结"的过程。尤其是对于悠然这样内向的女孩，如果一上来就直奔主题，对话就会变得生硬，也难以拉近与她的距离，这样她便难以真正打开心扉投入到心理辅导中去。在谈论感兴趣的话题时，悠然呈现出了前所未有的高涨情绪，她原本平缓的语调越来越高昂，笑意也更加明显。为了更好地"联结"她的感受，我说话的语调也变得跟她一样兴奋。

换个角度来说，当悠然兴奋地讲述着这些事情时，如果我用平淡的表情和语气去回应她，哪怕我同样说出"看起来你很期待"这句话，她的激情可能都会在撞上这平淡反应的一瞬间冷却下来，然后变得不知所措，不知该说些什么。由语言、语气和表情共同构筑的真正的心灵之间的联结，才能让悠然感觉自己的情绪真的被理解了。

（二）赞美——照亮联结之路

悠然：其实，参加cosplay活动我想了很久，今年才下定决心参加。

我：我之前了解过cosplay，要试妆、做假发，还得准备衣服，尤其是第一次参加肯定特别不容易，你是如何下定这个决心的呢？

悠然：可能也是想跟现实里的人多沟通一下，改变一下"社恐"的问题。

我：那看来你扮演自己喜欢的角色也是你社交的途径。

对有些人而言，身处人很多的地方、主动交友或者与陌生人热情聊天或许是一件很容易的事情，但对悠然而言，却是个难题。所以，当她说出想试着通过 cosplay 去和别人聊天时，我透过她的内向和紧张，看到了勇气。

我：其实你一直在为了社交和突破自己的"社恐"积极做一些行动。

悠然点了点头回应我。

我赞美、肯定了悠然为突破自己所做的积极行动。除此之外，前面的那句"第一次参加肯定特别不容易，你是如何下定这个决心的呢"也是在赞美她。通过赞美，一方面是想让悠然看到自己身上的力量，增强自我肯定和自尊感，从而以更强大的力量去面对未来的挑战；而另一方面，赞美即意味着"我看见了她"，看见了她身上的力量与面对问题的勇气，而这样的看见也能让我与她的关系进一步贴近。

（三）承载——筑牢联结之基

我们还谈论了悠然生活中的一些新尝试，比如吹笛子、弹古筝，后来话题又回归到了学校上面。

悠然：在学校里虽然看着同学们开玩笑也觉得有趣，但更多的是无聊。因为平时没人跟我说话，没人跟我玩，我就自己一个人坐在位子上，然后用一个小本子专门写自己的心里话。

我：好像即使班里发生的事情再有趣，你也只是一个旁观者，无法参与其中，甚至连自己的感受都无处分享。哪怕班里再热闹，你也是孤零零一个人。

悠然：是的。因为我来班里上课的时间少，在班里的存在感不高，有时候同学们说话会自动忽略我。

我：这好像让你感觉自己在班里特别微不足道。

悠然点了点头，她微笑地看着我，那笑容却并不忧伤，而是被充分理解后的释然。

在心理辅导室里，来访学生释放负面情绪是很常见的事情，这要求心理老师要有接纳学生负面情绪的能力。在这里，我请家长回想一下，当您的孩子在表达负面情绪时，您的反应是怎样的？是否有过不耐烦或者忽视孩子的情绪，甚至批评孩子说"就这点小事你有什么可难过的"？这些反应，都说明我们没有接纳孩子的负面情绪。那么，怎样做才更好呢？

首先，我们必须允许孩子表达负面情绪，不要忽视也不要试图转移话题；其次，对于孩子的负面情绪，我们要持有非批评的态度，不能去指责或者质问孩子为什么会有这种情绪；最后，如果我们想更好地理解孩子，不妨试着把我们体会到的负面情绪说出来。比如，我们可以这样说："你是不是感觉自己没有被尊重？""这确实挺让人生气的！"

之后，我又深入了解了悠然的情绪感受，并与她一同讨论与他人增加沟通次数的方法。对悠然的心理辅导持续进行两周后，由于悠然到校时间不太稳定，约定的第三次辅导时间她未能前来，之后我又试图联系她，虽然她表示愿意来辅导，但未能前来。我也必须清楚地意识到，心理老师不可能仅凭借一己之力就在短短几次辅导中让学生发生巨大改变。

即使如此，我也不能否认拒学干预工作给悠然带来的改善和变化。有一次在学校活动上，有班级的队伍从我面前经过，我听到有学生喊我"老师"，扭头一看，悠然正笑着摆手跟我打招呼，我也立马抬起胳膊挥挥手回应她。她与我又说了两句，具体是什么我已记不清，但那个时候她热情洋溢的样子我却怎么也忘不了。尽管拒学干预道阻且长，但我相信我的付出会带来相应的改善。

辅导手记

（一）增进"联结"之要，在于体悟孩子的感受

很多家长遇到孩子拒学的情况时会着急、焦虑，甚至大动干戈，希望孩子能尽早回归学校。我能理解家长这样做也是出于无奈，因为他们实在是不知如何是好。但请家长静下心来想一想，很多时候我们都是站在自己的角度去思考和感受问题，并以自己的理解要求孩子，却往往忽视了在面对这件事的时候，孩子到底有何感受。比如，家长在面对孩子糟糕的成绩并认为孩子没有好好学习而感到愤怒时，是否忽视了孩子在面对学不会的难题时会感到失落和恐惧？在我身为一个心理辅导老师陪伴悠然的过程中，我深切地感受到：重要的不是我跟这个女孩去讲道理，而是我能真正去理解她。当我走进她的世界，看到她的辛苦，让她感受到被理解的那一刻，改变也就发生了。关系是我们工作的基础，没有良好的关系一切都白费。同理，对于家庭也一样。拒学是一个家庭面临的问题，所以家长要能够倾听、理解孩子的感受，走进孩子的内心。只有理解孩子，一家人才能站在一起，共同面对拒学这个难题。

（二）增进"联结"之径，在于走进孩子的内心

相信作为家长，您其实也希望能走进孩子的内心，建立更亲密的亲子关系联结。在这里我有几个方法教给大家：

1. 鼓励情感表达：告诉孩子他们的任何感受都是正常和可以接受的，鼓励他们自由表达自己的情感，无论是快乐、悲伤还是愤怒，从而传递出"我愿意倾听和理解你"的意愿。

2. 倾听不打断：家长在孩子分享时要全神贯注地倾听，不要急于打断或给出建议，让孩子感受到被重视和被尊重，这是共情中重要的一步。

3. 表达理解：通过复述孩子的话或使用"我理解你感到……"这样的句式来回应，让孩子知道他们的感受被准确地捕捉到了。

躲老师不想上学的小明同学

人物档案

姓名：小明
性别：男
年级：高中一年级学生（16 岁）
关键词：躯体症状、人际冲突、拒学

一、"小题大做"的小明

中午午饭时间，小明借用老师办公室的电话给妈妈打电话，说自己身体不舒服，有点胸闷，希望妈妈下午帮自己跟班主任请假回家休息。

妈妈听到儿子的请假要求，第一反应是有点烦，心想怎么又来这出，同样的理由已经请了好几次假了。她怀疑儿子并不是真的身体不舒服，于是耐心劝导儿子，希望他能坚持上完下午的课，晚上延时课时再请假回家。但是电话那头，小明表示自己真的很难受，在学校里待不下去，希望妈妈帮自己请假。一来一去之间，妈妈拗不过儿子，最终妥协，答应了儿子。

妈妈担心儿子，想弄清楚儿子请假的真正原因，于是也请假回家，想和儿子好好聊一聊。在妈妈的一再追问下，小明说，上午被 C 老师批评了，待在教室里不舒服，感觉闷得慌，想回家透透气。妈妈觉得只是被老师批评一下，儿子的反应也太大了。小明继续说，他感觉 C 老师处处"针对"他，上午自习课时他和同桌在讨论题目，C 老师以为他俩在说闲话，当着全班同学的面说他，却没有说他的同桌，自己便顶了 C 老师几句，却被 C 老师一顿"输出"，自己心中的一团怒火无处发泄，也觉得在同学面前丢了脸，想找个地洞钻进去。小明还举了一些在他看来被 C 老师"针对"的例子，感觉 C 老师对他有意见，他不想在这个班了，想换个班。

妈妈听小明说完，长舒一口气，她还以为是什么大事，原来只是被老师批评了。妈妈觉得老师教育学生是分内工作。至于为什么只说小明，没说他的同桌，可能老师是想起到"杀鸡儆猴"的作用，她建议儿子私下心平气和地找老师好好沟通一下。至于儿子想换班的想法，在妈妈看来更是"小题大做"。小明表示，妈妈根本就不理解自己，他才不会去和老师沟通，自己躲她还来不及。妈妈做不通儿子的工作，就尝试和老师沟通，跟老师说了说小明的脾气性格，希望老师日后能"因材施教"，教育儿子的时候注意方式、方法。

第二天一早，小明还是不想去学校，表示还没有缓过来，让妈妈继续给他请假。妈妈耐心地开导劝说，但小明坚持不去上学，妈妈又困惑又无奈，只好继续给他请假。妈妈不理解，因为这点小事，为什么不去上学了。一筹莫展之时，妈妈想起了学校的心理老师，决定向心理老师求助。

当小明的妈妈在电话里跟我讲述完小明的事情后，我建议家长先带孩子去医院做一下身体检查，排除生理性疾病。家长立即带孩子去了医院，检查结果显示小明身体正常。之后，我建议家长劝说孩子来找我聊一聊。在家长的劝说下，小明同意来找我谈谈。

二、脱去"洋葱外衣"的小明

小明在妈妈的陪伴下来到心理辅导室，我询问小明是否可以单独和他聊一聊，他同意后，我让小明的妈妈在另一个房间等候。在辅导一开始，我向小明介绍了保密原则与保密例外。小明隐隐担忧地问："老师，你真的会为我保密，不告诉其他老师吗？"小明的提问让我看到了他的担忧，以及我们之间还未建立起的信任，我决定先建立我们之间的信任关系。此外，他能开门见山地说出他的担忧，也让我很开心，我把这看成交流顺利开启的一个信号。我看着小明的眼睛，真诚而坚定地告诉他："我会保密，请你相信我。"小明的身体放松了一些，向我点了点头。

随着对话的展开，我感觉小明像一颗洋葱，需要我一层层地耐心剥开，才能看到他完整的内心。我主要是提问，更多的是小明自己说，慢慢地，我对小明的人际关系、学习情况、过往经历和不想上学的原因有了一定程度的了解，慢慢地读懂了他的内心。

（一）　过往师生矛盾成为成长阴影

小学五年级的时候，小明非常讨厌他们班的班主任。当时他被班里同学造谣，他就把这件事情告诉了班主任，寻求帮助。没想到班主任却说，苍蝇不叮无缝的蛋。当时，班主任在小明心中那个高大的形象一下子就倾塌了，他觉得班主任很偏心，因为那个造谣的同学成绩更好一些，班主任明显更看重成绩好的同学。

在这件事情发生之前，小明觉得每个老师都会客观地处理问题。从那之后，他就很讨厌偏心的老师，尤其是不公平、不公正的老师。这件事情让小明受了挺多委屈，但是小明没有跟家长讲，他担心家长知道后会担心。从那时起，小明对老师的一些语言和行为就挺敏感的，感觉老师也不太值得信任和依靠。

我终于明白了小明出现拒学问题的原因，也很心疼他的遭遇。学生的学校生活占据了他们日常生活约三分之二的时间，在这个时间里，和老师相处是不可避免的。所以，如果师生关系出现了问题，对许多学生来说都会是巨大的挑战。

（二）　渴望得到老师的公平对待和尊重

我：发生了哪些事情，让你觉得处处被 C 老师针对？

小明：有次上自习课，我和同桌在讨论问题，C 老师以为我们在说闲话，但老师只批评我，压根不提我同桌的名字，我感觉被区别对待了。

我：首先，被 C 老师误会了，你觉得很委屈；其次，你觉得老师的处理方式不公平，你对此很生气，希望 C 老师能够客观、公平地对待自己，是这样吗？

小明：是的。

我：还有其他的事情吗，可以多说一点吗？

小明：有次我上课迟到了 1 分钟，C 老师就把我批评了一顿，之前有同学迟到，C 老师也没批评她；因为我的校服拉链没拉上，班级量化扣分了，说我一顿；跑操跑得不整齐，说我一顿。每次都是因为芝麻点大的小事就说我。

我：你觉得在一些小事情上，C 老师太较真了，根本没必要因为这些小事情说你，又不是什么大错。是这样吗？

小明：对，天天都是一些鸡毛蒜皮的小事情，感觉像在故意针对我。

我：你希望 C 老师不要因为一点点小失误、小错误就说你，希望 C 老师能够包容你一点。是这样吗？

小明：是的。C 老师说我的时候，态度也不好。

我：你希望 C 老师的态度、语气能好一点，让你感觉到被尊重，对吗？

小明：对，我希望 C 老师能尊重我，不要当着那么多人的面说我。

我：当你感到自己没有被尊重、被公平对待的时候，你有什么想法和感受？

小明：我很生气，想和 C 老师理论一番。同时，我又感觉很无奈，好像理论也没啥用。

我：理论也没什么用，怎么讲？

小明：之前被 C 老师批评的时候，我回过嘴，结果 C 老师批评得更厉害了。

我：你尝试过沟通，但是效果不好，所以，你感觉更无奈了。

小明：是这样的。被 C 老师批评，我心里不好受，看着 C 老师既反感又害怕，就想躲一躲。C老师一出现在我面前，我就容易紧张。每当我的情绪被影响的时候，上课效率也不高，就想回家缓一缓，逃离学校。

我：你不太会处理反感、害怕这些情绪，所以就选择暂时逃避。是这样吗？

小明：嗯，是这样。

三、小明拒学的秘密浮出水面

在家长看来很小的事情，为什么孩子就因此不想去上学了呢？家长百思不得其解。在谈话中，我渐渐找到了小明不愿意去上学的原因。

（一）渴望得到父母的理解，却无法达成

小明的爸爸平时出差比较多，和小明交流比较少。小明的妈妈工作不是很忙，在家的时间比爸爸多，小明和妈妈交流会多一些。但是上高中之后，小明在校的时间特别长，晚上回家之后也没有多少空闲时间，只有晚上放学之后在车里和妈妈简单聊两句。妈妈比较关注小明的学习，和小明聊学习多一些，但小明不太想聊学习。他有时和妈妈说一些自己感兴趣的事情、自己的烦心事，但是妈妈总是不能很好地理解他。其实，他特别希望妈妈能够理解自己，开导自己。慢慢地，小明就不怎么主动和妈妈说自己的事情了。

（二）消极情绪无法表达时，身体会来表达

在平时的生活中，当发生一些人际矛盾的时候，小明没有及时地去表达、宣泄自己的消极情绪，这些消极情绪便一点点地在身体里沉积下来，随着时间的推移，消极情绪越积越多，于是，这些消极情绪就换了一种方式，通过身体的不适症状（比如胸闷）来表达。这其实是一种信号，在提示小明、家长、老师去看见小明的困扰，认真对待这个困扰，并想办法解

决这个困扰。

（三）　当下的情境应对不了，选择逃避

目前的小明，缺乏一些技能去处理师生冲突，也不太会去宣泄、管理自己的消极情绪。如果发生的事情超出了自己的应对能力，他就想躲起来，逃避当下的情境，让自己能轻松地喘口气。逃避，虽然看上去没有那么积极，但也是不得已的一种应对方式。

（四）　消极的过往经历，依然影响当下

小明在小学阶段有过一次师生矛盾，在这次矛盾中他对班主任产生了严重的不信任，甚至对"老师"这个群体产生了不信任。在这次事件发生之前，老师是他生活中一个重要的支持者，他遇到问题会主动寻求老师的帮助。在这次事件之后，他改变了对老师的看法，他不再认为老师对自己是一个重要的助力。这次事件成为小明成长历程中的重大事件，也影响了小明对初中、高中老师的看法。

四、共情——深刻地看见小明

（一） 开启心理联结

家长在和小明沟通时，可以尝试先去理解他，不要先去改变他。家长可以用积极共情的方式，去厘清小明的想法，体会他的感受，看见他内心真实的需要与期待。只有让小明感觉自己被看见了，被理解了，他内心那些消极的情绪才会开始松动、流淌。在小明的消极情绪被看见之后，家长再慢慢地陪伴小明去探索他的需要和期待。

小明并不介意老师因为一点点小失误、小错误就说自己，而是在意老师教育自己的方式，希望老师能够尊重自己，尊重事实，对自己和其他同学"一视同仁"。因为被看见，被读懂，小明的内心就会被治愈，从而收获满满的力量。

（二） 加固情感共鸣

小明不太能够接受自己的消极情绪。和情绪相处的时候，首先是看见情绪，然后接纳情绪，最后才是调节情绪。小明能够较好地看见自己的消极情绪，家长接下来可以用"正常化"的技术，帮助小明去接纳自己的消极情绪。家长可以尝试对他说："当你觉得自己被老师针对了，或者认为老师没有公平地对待你时，产生生气、委屈、伤心的情绪是自然的。"

小明对自己不想去上学这件事，也有点不安。家长可以尝试对小明说："因为各种原因，不想去上学的学生很多，不仅仅只有你一个。""正常化"可以让小明知道他的困扰很正常，从而放下烦躁和担忧，去想怎么解决这个困扰。

（三） 重塑认知架构

受过去经验的影响，小明对"被老师说、被老师教育"这件事特别敏感，而且容易对事件做单一的消极解读。一次次消极解读的叠加，会加深对老师的消极看法，形成恶性循环。因此，打破这个循环很重要，对"被老师说、被老师教育"进行重新建构，积极释义，是一个好的方法。家长可以通过提问引导小明思考：老师处处针对你，对老师有什么好处？老师说你、教育你，是为了什么？小明经过思考可能会想到这些问题的答案：好像对老师也没什么好处；希望我们营造一个安静的自习环境，有一个好的学习氛围；希望我在小事上也能做好，不给班级掉链子；老师对我有期待。

当小明能够跳出对"老师教育方式"的不满，开始考虑"老师这么做的动机"时，他对老师的好感慢慢开始增加了，也对老师有了积极的看法。以前，老师对他来说可能是一个黑色的圆圈，现在他能从黑色的圆圈里看见一些闪光点。

总而言之，在这个案例中，从一开始就要好好地去了解小明，走近他的内心，深刻地读懂他，让他能够放心、安心地敞开心扉，我认为这是非常重要的部分。

辅导手记

扫描二维码
观看视频

（一）如果我是 C 老师

C 老师可能有自己的教学、管理风格，这种风格可能并不适合班里的每一个学生。有的学生高敏感，有的学生"很大条"，需要了解每个学生的性格特点、过往经历等，并在此基础上因材施教，达到的效果可能会更好。

（二）如果我是小明的家长

当孩子在情感上感觉没有被理解时，家长此时给孩子讲道理、给建议，孩子不太容易能听进去。更好的方式是先处理孩子的情绪，后讲大道理。家长应积极和 C 老师、心理老师沟通，寻求他人的支持和帮助，寻找帮助孩子解决问题的方法。

希望——
点燃内心火焰，照亮成长之路

像小孩儿一样的初中生

人物档案

姓名：文谦
性别：男
年级：初中一年级学生（13岁）
关键词：心理年龄较小、人际交往问题

一、上学前的退缩

一天早上，文谦的妈妈照例送他去学校。本来书包都已经收拾好了，可临出门时，文谦却抱着书包怎么也不肯迈出家门。妈妈问他怎么了，文谦说："我不想去上学。"无论妈妈怎么询问，文谦就是不肯说原因，只是抱紧书包不愿出门。妈妈只好向班主任请了半天假，并说明原因。在家里，妈妈开始不停地强调学习的重要性，到了下午，才好说歹说把文谦劝回了学校。

之后一切如常，文谦再也没有闹过说不去上学。妈妈便以为孩子只是一时要小脾气，也没再往心里去。文谦的班主任杨老师也问过文谦不想来学校的原因，一开始，他一直低着头什么也不说，后来他小声地跟杨老师说有人讽刺他。杨老师又询问了一下详细情况，虽说也处理过班里大大小小不少的学生矛盾，但仅仅因为别人几句玩笑话就不来上学的情况他还是第一次遇到。尽管杨老师对文谦的行为感到不理解，但他还是找来了文谦口中讽刺他的男生，处理了这一问题。

虽说问题得到了处理，但班上的同学却觉得文谦过于小题大做，不过是男生之间的几句玩笑话，闹到了杨老师那里不说，竟然还把不想上学的原因归咎于这件事。这件事情之后，文谦在班里跟同学们的关系也变得有些不太和谐。杨老师总觉得不太对劲，他认为文谦不可能只是因为别人说了他几句就不想来上学，这背后肯定还有其他原因，只是文谦不想告诉他。思来想去之后，杨老师给我打了电话，说文谦最近有些不想来上学，问我能不能给文谦做个心理辅导，我果断应了下来。

二、"汇心情绪卡"再现不愉快的体验

第二天约定的时间一到，我便看到有个男生敲开了心理辅导室的门。虽说才上初一，但他的身高已近一米八，表情看起来有些愣愣的，脸上还有些婴儿肥。"老师，我们杨老师说让我来找您。"他有些懵懂地看着我说。"你是文谦，对吧？"虽说给他们班上过一个学期的心理课，但这张脸却感觉像第一次见，或许是因为他性格内敛的缘故。他点了点头，我便带他到心理辅导室的沙发上坐下，慢慢与他沟通。

一上来，我并不急于问他关于上学的事情，而是聊起他的喜好，一边聊一边观察。沟通过程中，文谦总是用他那双明亮的大眼睛看着我，时不时地笑两声，感觉就像是几岁的小孩儿，一点小事就可以乐呵半天。待我感觉与文谦的关系逐步建立起来之后，才缓缓询问他不想来上学的原因。

（一） 在学校有人说难听的话

我：你喜欢来学校吗？

文谦：喜欢，但是有时候会不想来。

我：什么时候会不想来呢？

文谦：班里有同学讽刺我的时候，我就不想来。

我心里一紧，看着文谦乖巧的样子，生怕他在班里长期被辱骂欺凌，于是赶紧追问他是否方便说一说当时的情形，详细了解后才知道是初中男生日常的拌嘴。

我：那他们说这句话的时候你有什么感受呢？

文谦：我心里很不舒服。

听到"很不舒服"这个回答，我感觉到文谦在对于自身情绪的理解和表达上好像有些困难，为了帮助他更精确地表达情绪，我拿出了"汇心情绪卡"让他选择。

（二）　不来学校就没人说"我"了

我：在这个盒子里有好多情绪卡片，你能从里面选出最符合你感受的情绪卡片吗？

文谦：好。

他接过盒子，将卡片放在沙发上，一一选了起来。过了一会儿，他把两张卡片递到我面前。

文谦：我选好了。

我看到了那两张卡片上的图案，但是为了增进文谦对情绪的识别与表达，我选择让他自己说出来。

文谦：这两张卡片表达的情绪是生气和伤心。

我：当你生气、伤心的时候，你会怎么做呢？

文谦：我就不想来学校了。因为不来学校，就没有人讽刺我了。

初中阶段进入"叛逆期"，这一阶段的学生尤其是男生说话口无遮拦，言语中难免有讥讽之意并带有攻击性。面对这些，文谦难以调整情绪和应对，因而负面情绪不断积压，只好采用不上学的方式来应对。

三、文谦是一个心理年龄与实际年龄不符的学生

随着与文谦以及他班主任的沟通越来越多，我也慢慢理解了文谦拒学的原因。

（一） 内心还是个小孩儿

在跟文谦沟通的时候，他谈到自己课间喜欢玩用笔帽制作的弹弓一类的小玩意儿，与我说起时还笑个还不停。我当即感受到，他还是个贪玩的小孩儿。我这里所说的"像个小孩儿"，指的是文谦的心理年龄。各位家长可千万不要认为孩子的心理年龄与实际年龄是一致的，尤其是现在的小孩儿身体发育较快，有的刚上初中便已经接近成年人的身高和体格，于是有的家长会自然而然地认为"孩子已经长大了"，从而直接把孩子当大人对待。然而，事实却并非如此，有的孩子实际年龄是初中生，而心理年龄可能是小学生，甚至是幼儿园小朋友。

文谦就是这样一个"幼儿园小朋友"。请您想象一下，我们把一个幼儿园小朋友放到初中生群体里面，那群初中生虽然是在跟他开玩笑，但言语却是瞧不起的、讽刺的，那幼儿园小朋友听到后会怎样呢？他会被初中生吓哭。像文谦这样一个心理年龄还处在幼儿园阶段的男生，是无法处理

与初中生的关系的，面对处在青春叛逆期的初中生的语言和行事作风，他完全不知如何应对，于是选择逃避。

或许看到这里，您依然觉得一个初中生因为同学的几句令人不适的玩笑话就不想上学，还是难以理解。那我想问您一个问题，如果是幼儿园的小朋友哭闹着跟您说幼儿园里有人"欺负"他，不想去上学了，那您会觉得奇怪吗？如果您能理解幼儿园小朋友哭闹着不想上学的行为，那我想您也能够理解文谦。

（二）缺乏对情绪的合理表达和应对

为了平衡文谦在学校的情绪感受，我也问了他在学校其他时候的情绪感受。我发现，文谦对情绪的表达十分简单，一般是"快乐""伤心""生气"等基本情绪，甚至他有时会用"不开心"来表达所有的负面情绪。随着年龄的增长，孩子们应当逐渐学会通过倾诉来合理宣泄情绪。而当孩子无法准确地描述和表达自己的情绪时，负面情绪便容易积压在心里。文谦无法调整自己的情绪，当负面情绪越积越多时，便选择回家。而这种应对方式是无法让他适应日益复杂的初中生活的，因而情绪应对的问题以"拒学"的形式表现了出来。

（三）父母的过度保护

后来，文谦的班主任对我提到，文谦的妈妈多次与他联络，提起文谦在上学路上听到有人说难听的话，都快要走到学校了又折返回家。文谦的妈妈问班主任能否让文谦早放学十分钟，这样路上便不会遇到同学。听到这些，我心中一紧。当孩子遇到困难与挫折时，父母本该教给孩子如何面对，帮助他跨越障碍。而文谦的父母却试图帮孩子把一切的不利因素阻挡在外，希望孩子无需面对任何困难，这无疑是一种过度保护，是不利于孩子成长的。父母的过度保护，只会让孩子越来越无法面对挫折，无法长大。

所以，文谦才会一遇到困难和挫折就退回到家里，退回到"母亲的怀抱"里。

（四）　缺乏良好的人际关系

每每遇到文谦的时候，他都是一个人走在路上，面无表情，也不跟其他同学交流。文谦的喜好与同龄的男孩子不同，与同班同学玩不到一块儿去，加上他的心理年龄较小，所以在班里没有关系亲近的朋友。这也使得他缺乏可倾诉的以及能支持自己的对象。没有朋友的关心和支持，遇到困难时就会觉得孤立无援，所以文谦一遇到困难就选择逃避，选择回家。

四、培育希望：怡心悦己的成长之路

考虑到文谦的心理年龄以及背后深层次的原因与情绪有关，所以我想先增进文谦对情绪的理解，并在这一过程中慢慢与他建立关系。

（一）　你的情绪很正常——理解、接纳负面情绪

文谦：我觉得自己应对事情的能力很差。

我：是什么让你产生了这样的看法呢？

文谦：因为别人骂我，我很伤心，所以我觉得自己的应对能力很差。

我：事情是怎样的，能具体说说吗？

文谦：我上英语课回答问题时说错了，有同学说了难听的话嘲笑我，我很伤心。

我：所以当别人嘲笑你的时候你感到伤心，"伤心"这个情绪表示你的应对能力差是吗？

文谦：没错。

我：当别人嘲笑我或者对我说一些难听的话的时候，我也会感觉很伤心。

文谦：嗯。

我：在这种情况下，很多人都会觉得伤心。你觉得在这种情况下，会有人觉得开心吗？

文谦：不会。

我：如果被骂了还感到开心那说明他不正常，是不是？

文谦：是！

我：那你觉得当你被嘲笑的时候感到伤心，正常吗？

文谦：是正常的。

刚开始文谦说这些话的时候，我没有反应过来，没太明白他说的"应对能力"和"伤心"之间的关系。随着我对他的提问，我才慢慢明白，他好像觉得被骂之后的"伤心"是应对能力差的表现。很显然，这是文谦对负面情绪的不接纳造成的，他认为出现负面情绪就是应对能力差。究其根本，很有可能是文谦小时候出现负面情绪而大吵大闹、哭泣时，家长对他的负面情绪表现进行批评，没有引导他正确地理解和表达情绪。所以在这里，我想让文谦认识到，因为一些事情而伤心，或者出现其他负面情绪，并非代表自己应对能力差，这只是一种正常表现，是每个人都会出现的情绪反应。

在与文谦的关系慢慢建立后，下一步就该确立辅导目标了。然而在目标建立的过程中却没那么顺利。

（二） 你的希望是什么——转化不现实的目标

我：最近心情怎么样？

文谦：有点伤心，因为我跟朋友吵架了。上体育课跑 100 米时，我跑得不快，他们便说我"虚"，我就跟他们吵起来了。

我：听起来你为这事儿挺难过，也挺生气，因为朋友这样开你的玩笑。那你是怎么处理自己的情绪的呢？

文谦：他们说我，我就怼回去。我还会打球运动一下，运动完会让我开心一点。

我：是嘛，那你做得不错。

文谦腼腆地笑了一下。

我：那你来到这里，是希望我怎样帮助你呢？

文谦：我想变得更开心，希望别人不要再以讽刺的方式开我的玩笑了。

我：听起来好像有点难，我们怎样才能让别人改变做法呢？

文谦：我不知道。

我：我们能控制别人的言语和行动吗？

文谦：好像不行。

我：那我们能让别人不去说难听的话吗？

文谦：好像也不行。

我：你希望别人不再说难听的话，是不是因为别人说你时你会难受，而你不想那么难受？

文谦：是的。

我：那你真正希望的是什么呢？

文谦：如果之后别人说了我，我希望我心里不要那么难受，也不要因为这些事情而不想来上学。

我：听起来你希望自己能够学会在被讽刺的时候调节自己的情绪，让自己快点好起来的方法。

文谦：没错。

在谈论目标建立时，学生难免会提出一些不切实际，甚至带有一些"负面""逃避"想法的目标。作为心理辅导老师，我要敏锐地觉察这些"退缩性目标"背后的积极意义，帮助学生看到自己真正的需求，从而建立正向、现实的目标。比如文谦的"退缩性目标"是希望别人不要讽刺他，而背后的"积极目标"则是希望学会调节情绪的方法。

（三）你可以做些什么——让希望达成的目标更加具体、可行

文谦：可是别人讽刺我的时候我心里很难受。

我：那有没有哪些时候，即使别人讽刺了你，你的情绪也没有那么糟糕？

文谦：有。

我：那个时候你是怎么做的呢？

文谦：我跑完步会感觉心情好些。

我：所以跑步是你调节自己负面情绪的一个好方法。

文谦：是的。

我：还有哪些时候你会感觉好一些？

文谦：我跟你把心里话都说出来时，也感觉好了很多。

我：看起来跟别人倾诉，也能帮助你调节自己的负面情绪。

文谦：是。

我：那你在未来希望自己怎么做呢？

文谦：我希望能够在被讽刺之后找别人倾诉，让自己不再伤心。

辅导文谦两次后，我引导他去发现自己已经采取的调节情绪的方法，

并通过赞美鼓励他继续采用合理的宣泄方式。渐渐地，他觉得能调节自己的负面情绪了，便不再进行心理辅导。但文谦问题的本源在于心理年龄较小，无法很好地适应与青春期的孩子相处，尽管一两次的心理辅导让他暂时感觉好了些，但如果不能让心理年龄继续发展，恐怕还会再次出现拒学的情况。我的担心也在后面得到了证实。上个学期末的时候，文谦又一次来到了心理辅导室，面临的是与上次一样的问题。辅导过后，他同样感觉自己好了很多，但实际问题却并未解决。

文谦上初二的时候，我又接到了他班主任的来电。文谦的班主任告诉我，文谦最近又不来上学了。无论是在班里，还是在上学的路上，只要他一遇到别人讽刺他的情况，他就会跑回家哭诉。这次我选择了与文谦的家长沟通，帮助家长改善其教育方式，引导孩子的心理年龄不断成长。再后来，文谦慢慢地不再选择逃避回家。可见，对于拒学问题的处理，不可仅停留于表面，要深入了解其原因，且长久地引导其成长。

辅导手记

扫描二维码
观看视频

（一）对孩子提出合理的期待与希望

我能理解有些家长很心疼孩子，总是想要把孩子保护起来。但是家长的过度保护，往往只会让孩子失去自我应对问题的能力，变得一点小事都无法承受，进而选择逃避、退缩。如果家长一再纵容孩子，慢慢地，孩子回家的次数会变得越来越多，拒学的情况也会越来越严重。有时，家长在爱护孩子的同时，也应该对孩子提出严格的要求。当孩子因为一点小事就退缩时，家长不能毫无原则地帮孩子请假，而应该在给予孩子理解、关怀和支持的基础上，对孩子提出按规定到校的要求。在给予孩子爱和支持的基础上提出要求，孩子并不会觉得家长冷漠，同时还能学着去面对问题，而非逃避问题。

（二）教孩子如何与同辈相处

孩子一遇到问题就不想上学，与自身难以协调、处理人际关系有着紧密关系。作为家长，不要过于插手孩子的交友，也不要代替孩子解决矛盾，而是要教会孩子如何与他人建立良好的关系。这里的"教"，不是指说教和讲道理，而是家长在跟孩子相处的过程中做出正确的示范，这样孩子才能直接从家长身上进行学习。

（三）帮助孩子识别、表达情绪

如果孩子也无法恰当表达情绪，或者当他描述不出情绪时容易哭泣、着急，家长可以试着帮助孩子识别和表达。

1. 帮助孩子命名情绪

首先家长要先去体会和感受孩子当下具体是什么情绪；其次家长要用情绪词汇把孩子的感受表达出来，比如"你好像很委屈""是不是他这样做让你感到很愤怒"等。

2. 借助"汇心情绪卡"

为了更好地帮助孩子表达，家长还可以使用情绪卡，比如"汇心情绪卡"。比起文字，图片更能直观地表达孩子的感受，而且卡片上面的文字可以帮助孩子学会为情绪命名。

"潇洒哥"的不潇洒

姓名：潇洒哥
性别：男
年级：初中二年级学生（14岁）
关键词：睡眠问题、情感问题、亲子关系

一、"潇洒哥"变了

那是在"潇洒哥"刚步入初二的时候，他的班主任特意找到我，想要和我深入地谈谈"潇洒哥"目前的情况。班主任缓缓说道，"潇洒哥"在初一的时候，成绩一直都不错，在班级里也算是佼佼者。然而，令人意想不到的是，一进入初二，"潇洒哥"仿佛变了一个人似的，突然之间不愿意来上学了，天天睡不醒，无法到校。

在家中，"潇洒哥"与父母的关系也变得异常紧张。父母对其软硬兼施，可"潇洒哥"却软硬不吃，天天在家睡觉，说自己起不来。父母为了让"潇洒哥"回到正常的学习状态，想尽了各种办法，对他恩威并施：苦口婆心地劝说，试图让他明白学习的重要性；也会严厉地批评、指责。可无论父母怎么做，"潇洒哥"都如同顽石一般，软硬不吃。他整天不是待在家里睡觉，就是出门和朋友玩，每次被问起不去学校的原因，他总是说自己起不来。

面对"潇洒哥"的这种情况，爸爸心急如焚，有时不得不生拉硬拽地将他送到学校。然而，这样的做法也只是治标不治本，第二天"潇洒哥"依旧赖在床上不起。

另外，班主任也没有放弃努力，她尝试过在早上亲自去"潇洒哥"家里或者打电话叫"潇洒哥"起床。"潇洒哥"倒还比较给班主任面子，听到班主任的呼唤，会勉强起床。但即便如此，他还是会迟到。而且，"潇洒哥"晚上依旧睡得很晚，早上还是起不来，仿佛陷入了一个无法自拔的恶性循环。

当我一开始了解到"潇洒哥"的这种情况时，内心也充满了惊讶与纳闷。实在难以想象，曾经那个开朗乐观的"潇洒哥"怎么会变成如今这副模样。我不知道"潇洒哥"到底遇到了什么问题，才会发生如此巨大的变化。于是，我和班主任经过一番商量，决定等"潇洒哥"来学校的时候，先由我和他进行一次面对面的交谈，深入了解一些基本情况，再仔细琢磨如何才能够真正帮助到他。

二、"潇洒哥"其实并不潇洒

（一） 理想化的"潇洒哥"

在夏日的一个午后，"潇洒哥"步入我的心理辅导室。他随意地坐在沙发上，微微上扬的嘴角挂着一丝笑意。提及自己在家的这段日子，"潇洒哥"打开了话匣子。他表示，由于结识了几位上一届的同学，从假期起就一直与他们一同玩耍。"潇洒哥"与他们时而一起打台球，时而一同骑车出游，时而又一起打篮球，在一起玩得甚是开心。我询问他是否因为在外面玩得太过尽兴而不愿上学。他回应道，来学校也还行，因为班主任对他很不错，与同学们相处也融洽，只是起不了床。

我谈及初二学业的压力时，他总是极为潇洒地说："不慌不慌。"他觉得自己的基础还算不错，认为自己想学的时候就能追上来。"潇洒哥"总是把一切想得极为简单，对于自己的学业和未来考虑得过于理想化，但是这种理想化又存在诸多不切实际之处。

（二） "潇洒哥"背后的烦恼

我很好奇"潇洒哥"在家的状态，所以对"潇洒哥"的睡眠、饮食以及心理状态进行了深入了解。随着了解的深入，"潇洒哥"不为人知的一面逐渐呈现在我的面前。在睡眠方面，我发现"潇洒哥"在晚上经常处于休息不好的状态。他向我倾诉自己常常睡不着觉。当我询问他为何会睡不着时，他一脸茫然地表示自己也不知道原因。他说有时候内心会莫名地感到很慌，但又说不出究竟在慌什么。从他的话语和神情中可以明显看出，他的心里其实是着急的，然而却总是无法采取有效的行动。

就起床这件事情来说，他内心其实是渴望能够按时起床的，也明白早起的重要性。可是早上他却总是被温暖的被窝所束缚，怎么也起不来。在学习方面，他同样内心充满了矛盾。他表示自己是有学习的意愿的，也清楚学习的重要性。然而，一旦那些朋友来找他，他便难以抵挡玩耍的诱惑，立刻想去玩了。"潇洒哥"自己也意识到这样下去是不行的，但还是抱着得过且过的心态去应对。

（三） "潇洒哥"那让人叹息的感情

随着交流的深入，"潇洒哥"还和我聊起了他的感情。他喜欢他们班里的一个女孩子，之前对方和自己交流甚欢，两个人相处得还是比较融洽的，可是后来不知道什么原因，对方渐渐不再理会他，他给对方发信息，也得不到回应。面对这种情况，他想找那个女孩子问清楚原因，但是到了学校，却不敢当面和她交流，内心十分矛盾。

我询问"潇洒哥"，在学校的时候是否会格外在意对方的一举一动。他说确实如此，他经常关注对方在做什么，也会思索对方为何不再搭理自己，总是在探寻原因，同时也在思考自己怎样做才能让对方与自己复合。在这段感情中，"潇洒哥"全然没有了往日的潇洒，反而觉得自己十分卑微。

三、内心矛盾复杂的"潇洒哥"

我在想，从表面上看，"潇洒哥"似乎极为潇洒，对一切都满不在乎。然而，实际上"潇洒哥"的内心焦虑且极为敏感。这位自相矛盾的"潇洒哥"，用表面的轻松来掩盖自己的焦虑和敏感，内心深处充满了茫然和矛盾。

（一） 与父母关系紧张，"潇洒哥"向外寻找希望

"潇洒哥"的父亲对孩子的养育比较简单粗暴，只是希望孩子能去上学，却不知道如何理解孩子，也不知道如何和孩子拉近距离，母亲对此也是无能为力。这种家庭氛围使得"潇洒哥"缺乏安全感和归属感，而这也促使"潇洒哥"向外寻找关系，渴望在外部世界中得到理解和关心。在"潇洒哥"的表述中，他也一直感觉父母不理解自己，感觉与他们无法沟通交流。但他从那帮朋友中得到了理解和关心，找到了被支持的感觉和在家庭中缺失的东西。朋友们能够倾听他的心声，理解他的感受，给予他支持和鼓励。这让他感到自己是被接纳和认可的，从而在朋友那里找到了一种归属感。

对异性的喜欢也反映出"潇洒哥"对被爱和良好关系的强烈需求。从这一角度而言，也表明"潇洒哥"是个感情丰富的孩子。表面上看，他在家中对父母冷漠，实际上这是对父母的失望所致。从更深的层次来分析，这个孩子其实极度需要爱和关心。冷漠的表象背后隐藏着深深的失望，正如那句话所说，"哀莫大于心死"，对父母的失望使得他转而向外界寻求关系。

（二） 面对无法"潇洒"的困境，通过扮演轻松来逃避困难

"潇洒哥"早上起不来床实际上是一种逃避行为。他常常在心里规划得很好，然而在行动上却总是无法落实。他的意识与潜意识之间是相互矛盾的，面对现实与理想的落差，他会陷入极度的矛盾和痛苦之中。于是，

他索性选择不去考虑现实，甚至自我安慰，呈现出一种空想家的思维模式。他觉得一切都在自己的掌控之中，所有事情都很轻松。可当现实给予他沉重打击时，他就如同鸵鸟一般，将自己埋进沙子里，既不去思考，也不去面对。

在对外界的表现上，"潇洒哥"总是显得很不在乎。实际上，这是因为他不想让别人看到自己内心的慌乱。他用假装潇洒的外在表现，强行支撑着自己那摇摇欲坠的自尊，这种行为反映出他内心的脆弱和不安。他害怕被别人看穿自己的真实情况，所以选择用不在乎和假装潇洒来掩盖自己的慌张。然而，这种方式并不能真正解决问题，只会让他在矛盾和痛苦中越陷越深。

（三）好面子的"潇洒哥"其实内心左右为难

"潇洒哥"实际上是一个非常聪明的学生，在此之前成绩一直较为优异。转折发生在初一升初二的那个暑假。在那个暑假里，他认识了一帮已经毕业的同学，他们在一起玩得很开心。后来，"潇洒哥"不愿意去学校，其中一部分原因就是想和他们一起玩。后来，"潇洒哥"也提到，自己其实也想学习，可是每当那帮朋友叫他，他因为好面子，不好意思拒绝。于是，他对自己的学习也就听之任之，逐渐放纵了下去。

另外，对于感情，"潇洒哥"又是一个比较敏感的人，很在乎自己的感情，却又不知道如何处理。他一方面想要展现出洒脱的形象，另一方面却又无法控制自己对感情的焦虑和敏感，这种矛盾的状态让他陷入了深深的困惑之中。他不知道该如何平衡自己的外在表现和内在情感，也不知道该如何走出这种矛盾的困境，只能在表面的轻松和内心的挣扎之间不断徘徊。"潇洒哥"在这方面思前想后，耗费了许多精力，最后还没有得到什么结果，这让他感觉很挫败，但是在同学面前还不愿意让别人看到自己的窘状。

四、拨开迷雾："潇洒哥"找到了新的希望

（一）新的希望——从早睡早起的小事开始

接下来的日子，"潇洒哥"会定期找我聊一聊近况，我们会一起商量给他布置一些小作业，比如晚上如何早点睡，早上如何早点到校，晚上如何减少思绪纷扰，如何和那些朋友相处，如何面对那个女孩等，这些看似微小的问题，我们逐个调整，渐渐地，"潇洒哥"的状态越来越好了。

（二）新的希望——从另一段关系的转机说起

随着"潇洒哥"的状态逐渐变好，我们之间的关系也愈发亲近。有一天，他十分开心地对我说，他以后应该不会再迟到了。我询问原因，他说以后会有一位同学早上叫他起床，然后一起上学。我接着问他是男生还是女生，他回答说是女生。我原本以为是他之前喜欢的那位女生，他却告诉我说是另一位女生，他发现自己已经慢慢放下了之前的那位女生。

看到他开心的笑容，我也由衷地为他感到高兴。我说："那就希望你能每天开开心心地来上学，每天都能按时到校。"他信心满满地说会的。之后的情况确实如他所说，他能够按时到校了，并且班主任也向我反馈他

在学校的学习状态比之前更有干劲，看起来有了学习的动力。我暗自思忖，这应该是因为和他一起上学的那个女生学习成绩也不错，相信这也是他想要努力的一部分原因。

（三）　新的希望——伴随着持久的助力

在这里还要夸一夸一直持续为"潇洒哥"助力的班主任，这位班主任是一位非常有经验的班主任，并且对学生的关爱体现在方方面面。当她看到"潇洒哥"在学习上的进步时，不吝赞美和鼓励；在"潇洒哥"有不懂的题目时，会牺牲自己的休息时间为"潇洒哥"讲题和补课。她对班级的管理也比较到位，引导同学包容团结"潇洒哥"，班里同学没有因为"潇洒哥"以前经常迟到而对其有意见。

（四）　新的希望——"潇洒哥"看到了自己的进步

进入初三后，晚上开始上晚自习，"潇洒哥"也可以和大家一样上晚自习，并且早上不迟到，正常参加初三的各项考试。当"潇洒哥"担任值日班长的时候，他认真记录每个同学的情况，也会对同学提出要求。我从班主任那里得到反馈，"潇洒哥"的成绩也在慢慢提升和恢复，这使得"潇洒哥"在寻找希望的道路上越走越顺畅，越来越有方向。

"潇洒哥"的这些表现也极大地鼓舞了我，让我看到了自己工作的价值，同时也看到了围绕在"潇洒哥"周围的希望和各种助力，以及他自身的成长。"潇洒哥"的故事告诉我们，在面对学生成长的问题时，我们要以更加理性和包容的态度去对待，引导学生正确处理各种关系，激发他们内在的成长动力。要用发展的眼光来看问题，用持续的关注来助力。同时，也让我们认识到良好的师生关系、同学关系以及家庭关系对于学生成长的重要性。这需要各方共同努力，为学生创造一个有利于他们健康成长的环境。

辅导手记

扫描二维码
观看视频

（一）拨开现象找到问题实质，是帮助孩子走出困境的开始

许多时候我们容易被现象表面所迷惑，就像"潇洒哥"，我们如果只看表面，可能会以为这个孩子已经放弃了学习，并且对自己的学习和生活毫不在乎，没有积极向上的心态，也不愿意解决自身的问题。

然而，当我们透过表面看内在时，会发现一切都恰恰相反。他其实既在乎自己的学习，也在乎人际关系，更在乎别人对自己的评价，表面的潇洒只是对真实想法的掩盖，所以这就需要我们透过现象看本质，看到其内在的需求和真实的想法。

（二）寻找到孩子的希望所在，是助力孩子不断成长的基石

在对"潇洒哥"的辅导过程中，建立信任关系、分析问题根源、制定小作业、持续关注和鼓励等方法都取得了良好的效果。另外，我们也要善于引导学生正确处理情感问题，及时发现他们的问题并给予帮助，让他们在积极的状态下不断成长和进步。

总是请病假的小皓

人物档案

姓名：小皓

性别：男

年级：初中二年级学生（14岁）

关键词：学习焦虑、同伴交往、适应困难、
　　　　兴趣爱好、希望

一、"不起眼"的小皓总是请病假

王老师是13岁男孩小皓的班主任。初一下学期刚开学，王老师就找到我说，小皓上学期数次以身体不舒服为由请假、不到校。小皓在班里成绩中等，虽然没有很突出的表现，但也没有顽皮惹祸。王老师觉得小皓的"不舒服"还没有严重到不能来上学，所以他很疑惑，也有一些担心：小皓为什么会频繁地请病假？长此以往会不会影响小皓接下来的初中生活？王老师希望我能做做小皓的工作，希望他的状况在新学期能有所改善。

一般来说，像小皓这样的孩子在班里是"不起眼"的存在。而就是这样一个"不起眼"的孩子请了几次病假后，王老师就来找我，这让我在心里默默地为王老师在日常班级管理工作中的细致与严谨点赞。在我们针对厌学、拒学学生的干预工作中，有很大一部分学生的表现是刚开始偶尔请病假，接着变成频繁请病假，最后发展成长期不到校学习。所以，在对厌学、拒学学生的干预工作中，班主任对学生的出勤管理实际上是第一道防线。

帮助小皓成了我和王老师共同的工作目标。我们首先要做的就是对小皓的频繁请假进行评估。我们需要客观地判断一下，小皓是真生病了，还是以生病为由逃避到校学习。如果是生病了，那么与他的心理状态是否有关？如果是逃避到校，那么是不是心理因素导致的？于是，王老师帮我与小皓约定了一个时间做心理访谈。

二、"不起眼"的小皓与"亮眼"的小皓

小皓在约定时间准时来到了心理辅导室。小皓的反应与他上学期频繁请假的表现有些不同，他看起来有些兴奋，还有一些期盼，他很主动地跟我打招呼："心理老师好！咱们班是周四上心理课吧？我最喜欢上心理课了！"

这一丝丝的兴奋和期盼让我产生了一些好奇。以往我们遇到的拒学学生，往往在抗拒来到学校的同时，也会婉拒来到学校的心理辅导室，尽管心理辅导室在拒学学生的干预中可以起到缓冲和调节的作用。显然，小皓的表现与其他拒学学生不同，而这些不同，也许就是我开展工作的机会。于是，我直接提出了我的疑问。

我：你看起来并不排斥来到心理辅导室，还有一点开心？

小皓：对啊。老师，我很喜欢上心理课。

我：是因为在心理课上可以做一些小游戏吗？

小皓：倒也不是。是因为在心理课上可以说话。

我：是吗？我倒想听听你们在心理课上都说些什么。

小皓：在心理课上回答问题怎么说都行，跟同学讨论也不用想我说得好不好。

对上心理课的期待成功打开了小皓的话匣子，我与小皓就"上什么课时是什么感受"这个问题展开了讨论。在讨论过程中，我对小皓的心理状况进行了评估。小皓对某些学习内容表现出浓厚的兴趣，对某些学习内容则表现出回避的态度，可以排除兴趣低下的情况；小皓对校园没有特定场所和特定情境的排斥，只是泛泛地表达"不想上学"，这说明他在校期间没有发生严重的创伤事件；小皓在请病假时多以感冒、头疼为由，实际上

他并没有真的不舒服，显然也不是心理因素导致的躯体化表现。

我真心感谢小皓的直率，但我们并没有深入讨论他请病假的原因。我觉得，他请病假时肯定有自己的想法。我问小皓，他是否愿意再来心理辅导室，和我聊聊请病假对他来说有什么意义。可能把"意义"这个词和请病假放在一起对他来说挺新鲜的，也可能他对和心理有关的事情挺感兴趣，小皓很爽快地答应了，还和我约好每周五都来心理辅导室。

小皓再次来到心理辅导室的时候，他开门见山地说不想谈学习。我也直接问他为什么不想谈学习。

小皓：没什么好聊的。没意思。

我：我可以这样理解吗？你上学期请假不来上学，也是因为觉得在学校没意思。

小皓：差不多吧。我有两个小学的好朋友去别的学校了。还有一个好朋友虽然在咱们学校，但不和我一个班。

我：现在过了一个学期了，你在班里没有交到新朋友吗？

小皓：我想跟学习好的同学交朋友，可他们不理我。

我：据我了解，你的成绩也不差啊。

小皓：他们都是前几名，我的成绩比他们差一些。

我：那除了成绩好，你觉得交朋友还需要什么条件呢？

小皓：不知道。

我：那你有没有尝试过主动和他们交流呢？

小皓：有啊，但是感觉和他们玩不到一块去。

我：那除了你刚才提到的不跟你同班的朋友，你还有其他朋友吗？

小皓：小学跟我一起上兴趣班的几个同学倒是偶尔一起玩玩。

我：你们上的什么兴趣班？

小皓：播音与主持。我原来当主持人的时候背稿子可快了，我能把所有串词都背过。有一次跟我搭档的那个人背错词了，她说了我的词，我都接下来了。

　　我：你是怎么做到的？

　　小皓：就是把串词和节目内容联系起来记，就会记得特别快。有的时候我也自己写串词，就更容易背过了。

　　我：那你真是挺厉害的。你背串词这么快，那你背语文课文也一定很快吧。

　　小皓：是的，我背课文可快了，包括英语课文。

　　我：那你有想过以后也从事和主持有关的工作吗？

　　小皓：我想当脱口秀演员。

　　我：我听说其实脱口秀也是有稿子，有的脱口秀节目还有提词器。你倒是有这方面的优势，最起码到时候你背稿子是强项，不用看提词器。

　　小皓：那是，背串词对我来说小菜一碟。

　　我：对了，过几天学校的戏剧展演你报名了吗？

　　小皓：没有。

　　我：也许你可以试试。

　　小皓：我的强项是主持，戏剧展演我可不行。

　　我：都是背词，你可以的。而且我看咱俩聊的时候你的表情也很丰富，其实脱口秀也有表演的成分在里面。

　　小皓：对，脱口秀也是一种表演。

　　小皓一谈到做主持、背台词、当脱口秀演员，就像变了个人似的，眼睛亮晶晶的，脸上也露出了笑容，整个人都充满了自信和活力，跟之前说起学习、交朋友时那个低头害羞的样子完全不一样。那一刻，我看到了小皓不一样的光彩。我相信，一个人如果找到自己真正热爱的事情，整个人就会焕发新的活力。于是，我邀请小皓参加学校心理社团举办的"剧本杀"活动。

三、寻找真相："合理"的方式——请病假

小皓从小就是一个很乖的孩子，学习成绩虽然不是很突出但也从来没掉过队，课余时间还参加了播音与主持的兴趣班，经常参加一些校外活动，主持各类节目。那时的他主持功底扎实，收获了许多赞美。升入初中后，到了青春期的小皓在探索自我、认识自我和寻找自身价值时，非常渴望得到他人的认可。但初中阶段学业任务增多，小皓参与校外活动的机会大幅减少，由于学业成绩仍然不突出，收到的积极评价也相对减少了，这让小皓感到非常挫败。所以，在接下来的交谈中，我从小皓感兴趣的事情着手，慢慢听小皓讲述他的初中生活，并在他"熠熠发光"的时候及时肯定他的表现。小皓的话越来越多，不仅不再回避关于学习的话题，他上学期频繁请病假的真相也慢慢地浮现出来。

（一）　回避评价

小皓对校园生活的抵触主要表现在两个方面：学习焦虑和人际交往的挑战。小皓喜欢上心理课，因为在心理课上可以自由表达，不像在其他课堂上那样拘束。他害怕在学习和人际交往中失利，进而被他人评价为"差劲"。这其实都是小皓缺乏自信的表现。他以生病为由请假，实际上是在为自己的逃避行为找个合理的借口，而不是真的因身体不适无法坚持在校学习。

（二）　渴望认同

小皓与其他青春期的孩子一样，非常重视同伴关系，渴望与同伴建立亲密的友谊，并获得同伴的认可。在小皓看来，建立亲密关系与获得认可的前提是学习成绩优异，这让小皓忽略了自己在主持方面的优势，也让他"当一名脱口秀演员"的梦想逐渐变得遥不可及。他学习成绩不突出，再

加上交友时遇到了点小挫折，因此他选择了逃避，用生病作为借口，避免面对可能让他感到挫败的学习环境和社交场合。

（三）期待发光

在我们的交谈中，小皓说的最多的是他喜欢的事——做主持人，还有他喜欢的脱口秀演员。显然，与学习有关的话题相比，小皓更喜欢聊自己的兴趣和梦想。小皓曾经在主持活动中获得了较多的关注与认可，这让他干劲十足。然而，上了初中后，小皓在学习和交朋友方面没得到更多好评，这让他的心里有点儿小小的失落，也对未来有点儿担心和迷茫。为了不让自己那么难受，小皓选择了"回家"。

四、寻找希望：兴趣与梦想的启航

小皓说自己未来想成为一名脱口秀演员，这就是我们接下来可以深入交谈的话题，也许还可以成为小皓初中生活中的亮点。

回想小时候的事，小皓觉得自己好像找到了认识自己的新方法。当我们聊起小皓当主持人时的那些闪光时刻，他说，感觉自己的信心也跟着涨了点。为了让这份信心变成在生活中解决问题的能力，小皓得把以前学到的本事用到现在的事情上；也就是说，要让小皓过去的故事帮他现在的学习和生活一把。这就是我们的过往经历对当下和未来生活产生影响的方式。

在与小皓畅谈他擅长的主持和梦想之后，就可以慢慢将话题引向他现实中的任务了，例如背诵台词与课文、撰写台词与作文。我不仅建议小皓参加戏剧展演活动，还邀请他参加学校心理社团举办的校园防欺凌"剧本杀"活动。这些活动，都能展示他在主持和表演方面的才能。虽然在我们的交谈中小皓并未承诺会参加戏剧展演活动，但我相信，我们的讨论将为他提供更多选择。

（一）激发潜能，重燃希望

青春期是大脑发育的一个重要阶段，特别是大脑前部的额叶（掌管着我们控制和调节情绪的能力）还在发育中。同时，青少年开始对自己的身份和价值感到好奇。所以，他们通常会更关注自己，对个人的感受也更加敏感。小皓和其他青少年一样，很在意别人怎么看待自己，尤其关注那些不好的评价。他希望得到别人的注意和肯定，想通过展现自己的能力和才艺来证明自己的价值。换句话说，每个处在青春期的孩子都梦想成为众人瞩目的焦点。

显然，在学习的舞台上，小皓暂时还没能拿到高分，这就意味着小皓得找别的地方来发光、发热。后来，小皓在"剧本杀"活动中担任了主持人。我还收到了王老师的反馈：小皓与同学们的关系更加亲密了，不仅主动帮助语文老师检查同学们的背诵，还报名参加了拔河比赛和跳绳比赛。

每个人都希望别人能懂自己、关心自己。徐凯文教授说"空心病"在北大那些特别优秀的学生里都挺常见的，这给我们敲响了警钟：我们要好好看看孩子真正想要的是什么。他们可能不是只想要成绩好，而是想做真正的自己。小皓的故事告诉我们，每个孩子都有自己的闪光点和价值，需要我们用心去发现。当孩子找到他们的兴趣和梦想时，我们要适当地给他们鼓励和支持，他们的潜能就能爆发出来。这就是希望的力量！

（二）扬帆起航，追寻梦想

当我们对某个领域了解得透彻，掌握了诀窍，还积累了丰富的经验，尤其是那些成功的经验，我们就能把这些诀窍和经验用到其他领域去，让自己在新领域里焕发光彩。同样，我们也可以把对一个领域的热情带到其他领域去，比如把学习的热情带到运动或艺术中去，反过来也行。如果把兴趣和梦想比作人生旅途中的风帆，那么这些可以到处用的知识、技能和成功经验就是推动风帆前进的风。

小皓上初中后，由于学习压力大，加上和同学相处也有点难，让他有点不知所措。他开始逃避问题，告诉自己和别人是因为身体不舒服才不去学校。但这只是暂时的解决办法，没有解决根本性问题。小皓就像一只没有方向舵的小船，在大海上漂着，不知道该往哪儿去。

跟小皓聊了他喜欢的主持后，再根据他以前的表现，我把小皓在学习和交友上遇到的困难和他喜欢的事情、梦想连在了一起，这样他学习起来就会更有动力。小皓主持学校的心理社团活动时特别有范儿，他能轻松地带着大家玩，还能用逗趣的话让大家笑个不停。我鼓励他继续在这方面下功夫，将来甚至可以把这份爱好变成职业。同时，我们的对话也让小皓明白，他在主持时展现出来的自信和沟通技巧，完全可以用在学习和交友上，不仅学习起来更带劲儿，还能帮助他更好地和同学相处。通过挖掘自己的兴趣爱好，小皓慢慢找到了自己的方向，他开始用一种新的眼光看待自己的学习和生活，就像那艘在海上迷路的小船，终于找到了指引方向的灯塔。

（三）共同成长，拥抱未来

后来，王老师又告诉我，小皓参加了戏剧展演活动，而且表现得很积极。小皓妈妈也拜托王老师发来了反馈，说小皓这学期在家里再也没有提过不上学的要求。

我发现，在回顾、整理小皓的访谈记录过程中，我反反复复找了许多理由来拖延整理访谈记录的进程，似乎怎么做都避免不了担心：担心自己做得不够好。其中，生病这个理由看起来能让我少一些内疚和不安。

瞧，我不就是另一个小皓吗？在心理学上，这种行为称之为"平行关系"。如果家长觉察到自己在生活中与孩子表现出相似的行为模式，通过观察和分析这种对应关系，家长就能更好地理解孩子的感受和心里在想什么，从而选择更紧密、更有效的沟通方式。

写到这里时我发现，我和小皓都成长了不少。我得谢谢小皓，他让我深刻体会到，遇到难题时，逃避和找借口只能帮我们一时，真正能帮我们走出困境的，是勇敢面对问题，积极寻找解决办法。可以这样说，想得多了都是问题，做得多了都是办法。小皓的经历也告诉我，每个孩子都要按照自己的步调和方式去成长，我们大人要做的，就是耐心地去发现他们的优点，帮助他们找到正确的路。小皓的变化给了我很多启发，让我更加坚定了自己的教育信念：尊重每个孩子，相信他们有能力创造自己的未来！

辅导手记

扫描二维码
观看视频

（一）请支持孩子的兴趣爱好

"分数至上"的育儿观念要不得！这会让我们忽略孩子的兴趣和优势。孩子只有在做自己喜欢的事情时，才能真正发挥潜力。

家长要多鼓励孩子，并给他们创造机会参加与自己兴趣相关的活动，这些时间并不会被浪费。这些活动的成功经历，会成为他们自信和动力的源泉，甚至可能指引他们找到人生的方向，比如学校组织的歌唱比赛、足球比赛、机器人竞赛等，都是孩子展示才华的舞台。

家长还要帮助孩子把兴趣爱好和学习、生活联系起来。比如小皓做主持人时的自信和沟通技巧，完全可以运用在学习和与同学相处上。家长要引导孩子明白，在兴趣领域学到的本事，在其他地方也能派上用场。这样孩子就能看到自己的潜力，对未来充满希望，学习也会更有劲儿了。

（二）请重视孩子的同伴交往需求

青春期孩子的很多技能都是在与同伴交往的过程中学到的。通过与朋友的互动，他们逐渐建立起自信和社交技巧，增强合作、沟通和解决问题的能力。这对他们的成长至关重要。

初中阶段出现厌学、拒学行为的原因，有很大比例是在同伴交往中遇到了困难。在孩子交朋友这件事上，家长要多操点心。要是发现孩子在学校没朋友或者和同学闹别扭了，别不当回事，这很容易影响他们的情绪和上学的积极性。

家长可以先听听孩子怎么说，及时察觉孩子对同伴交往的需求，尊重并支持他们多参加集体活动，给他们创造交朋友的机会。同时，如果他们用自己的方式去应对时出现了困难，我们要理解，并和他们一起讨论，找到合适的解决方法，而不是简单地干涉或否定。这样不仅能增强他们的社交能力，还能让他们在交朋友的过程中学会更多应对学习、生活的方法。

戴着"大帽子"的小谢

人物档案

姓名：小谢
性别：女
年级：初中三年级学生（15岁）
关键词：情绪问题、家庭教育、人际问题

一、突然到访的小谢说她不想上学

午休时间，突然听到一阵轻轻的敲门声，要不是学校里特别安静，这声音可能就听不见了。门把手慢慢被压下去，然后就停住了，门是没有锁的，但是敲门的人反而没进来。时间好像突然静止了，门那边的人好像有点不知所措。我有种感觉，门外可能是个没预约的学生，她现在可能需要我的帮助。

我赶紧走上前把门打开，门外面站着两个女生，手拉着手，东张西望的。见我打开门，她们像怕被人看见似的，一下子就蹦进了屋里。

两位来访的女孩中，我认识其中一位——小艾。就在前两天，我以抽查的名义对她进行了访谈。另一位女孩身材瘦长，即便在炎热的天气里，她也戴着一顶宽边帽，遮住了大部分脸庞。她的头发松散地用一根头绳随意扎了几圈，几缕未扎紧的发丝垂落在领口附近。她穿着宽松肥大的校服，长长的袖子包裹着她紧握的双手。她进门后一直低着头，耷拉着肩膀，未曾抬头看我一眼，也未曾开口说一句话。她紧张得就像一张一触即破的纸，我的脑海中不由自主地浮现出一只受惊小猫的形象：弓着背，毛发竖起，随时准备逃离这个令它感到不安的环境。

小艾快速简单地做了一个介绍，说这是她上次访谈中提到的班里唯一的好朋友。小艾上次做过访谈后，自我感觉还不错，就积极推荐她的好朋友小谢来这里，因为小谢不想上学了。小艾说："老师，我感觉她来上学的时候一直都不高兴。或许她也可以试试跟您聊聊天，没准能高兴点儿呢？这样她就不会再想不上学的事了。"

我马上表扬了小艾愿意帮助人的态度，然后转向神情紧张的小谢，用轻松但有力的语气对她说："咱们之前在心理课上见过，现在再自我介绍一下，我是你们的心理老师。如果你们心里有什么烦恼或者问题，随时可以来找我，心理辅导室的门永远为你们开着。我也会替你们保守秘密，在满足你们需求的同时保护你们的隐私。那么，接下来，我能不能听听你的想法呢？"

二、轻叩心门，打开小谢心中的重重栅锁

我做了简单的自我介绍，讲述了知情同意、保密原则和保密例外等规则后，看小谢还是有点儿紧张，我就试着问她："你是想让好朋友陪着你一起聊聊，还是就咱俩单独聊聊？你完全可以说不，不想聊就不聊，即使在聊着的过程中不想继续聊了，也随时可以停下，想走就走。你说了算，我支持你的选择。"她好像挺惊讶自己能说不，能随时走人，便慢慢抬起头，有点儿害羞地看着我。我赶紧用微笑和点头给她鼓励，她说她想一个人和我聊聊。"你真勇敢！"我夸她，然后拉着她的手，让她坐下来。

（一）"我"走到哪里都是多余的

小谢拘谨地坐在那里，语速缓慢、低声地开始讲她的故事。伴随着她略微沙哑低沉的嗓音，我对她的成长过程、上学状态有了一定了解，初步建立了信任关系。

我了解到，小谢的父母离异多年，家里有一个 10 岁左右同母异父的

弟弟，母亲在家照顾弟弟，家里经济条件一般，小谢跟着姥姥一起生活，偶尔去爸爸家里住几天。

我：小谢，感谢你愿意和我聊你的经历，你真的很勇敢。

小谢：其实我也不知道该从哪里说起。

我：没事，你慢慢说。在学校遇到了什么不开心的事吗？

小谢：（低下头，小声说）嗯，我在学校一直不太好。从小学四、五年级开始，我就不太爱上学了，经常请假。

我：为什么会这样呢？是学习太难了吗？

小谢：不是，是同学们都不喜欢我。我性格内向，也没有什么兴趣爱好，在班里只有同桌是我的朋友。我和其他同学还有老师交流都很少，说话的时候我也不敢看他们的眼睛，只能点点头或者小声回答。

我：那有没有发生什么特别的事情让你觉得和同学们相处不好呢？

小谢：（眼睛有些红）我因为头疼会拔自己的头发，后来头皮都秃了一块，只能常年戴帽子。从小学四年级开始，同学们就经常嘲笑我，说我很怪异，都不愿意和我交朋友，我在班里总是被排挤。

我：那老师有没有帮助你？

小谢：班主任和任课老师都劝过我。但是我心里太难受了，就一声不吭，不想听他们说。

我：家里人呢，他们知道你在学校的情况吗？

小谢：（声音有些哽咽）我妈妈和姥姥的脾气都很暴躁，我一不上学她们就批评我。我现在的爸爸也不管我，我弟弟还说我占了他的地方。我觉得我在哪里都是多余的。

我：听起来你真是太不容易了。那你有没有想过怎么改变这种情况呢？

小谢：我不知道，我觉得很绝望，好像生活没有什么希望了。

因为拔自己的头发、常年戴帽子这个"怪异"的行为，从小学四年级开始，小谢就招来了很多同学的嘲讽，不被班里大多数同学接受。在班里受到同学排挤又让小谢联想到自己与家人的相处。既然走到哪里都是多余的，小谢干脆就不想上学了。

（二）不上学是不是能挽救父母的婚姻

我察觉到，与同学相处得不愉快一定不是小谢不上学的唯一理由。她虽然说自己的成绩不好，但她在学校期间遵守课堂纪律，按时完成学习任务，而且老师们也愿意帮助她。我想她一定还有其他的理由。

我：小谢，那你不想上学，还有其他原因吗？

小谢：（犹豫了一下）其实，我还有一个原因，但是我不知道该怎么说。

我：别担心，你说出来，我们一起想办法。

小谢：我爸爸从我懂事起就常常跟我妈妈吵架，冷战更是家常便饭，每当那时家里的氛围就像凝固了一般，压得人喘不过气来。他俩脾气都很差，发起脾气来会摔东西，打砸物品。每次看到或听到父母吵架时，我都特别害怕，有时候身体就像被锁住了一样，动弹不了，我只能听见一种声音：我不想离开家，我不想去上学。那是我上小学的时候，只要我不去上学，爸爸妈妈就会暂时停止吵架，把注意力放在让我去上学这件事情上。我觉得这是个好办法，要是我能够坚持不去上学，是不是他俩就不会离婚，就不会各自组建家庭，是不是我能挽救父母的婚姻？我不想看到我爸爸妈妈一直吵架。

我：原来是这样，你是想挽救他们的婚姻，对吗？

小谢：嗯，我不想我的家散了。可是我这样做并没有用，他们还是吵得很厉害，根本不在乎我上不上学。

我：你真是太不容易了。那你是怎么熬过来的呢？

小谢：我一般都是低头不说话，任由我妈批评我。我有时候会抱着被子或者戴上帽子遮住自己，这样我就会感到安全了。直到妈妈消了气，我就知道我挺过来了。

我：你没有正面与妈妈发生冲突很好。除了隐藏自己，你觉得做些什么会让你在面对父母的争吵、妈妈的责难时感觉好受一点？

小谢：我就是自己待着，不说话，或者画画、刷手机……

我：你已经很努力了，小谢。那你有没有试着和他们说你的想法呢？

小谢：我说过，但是他们根本不听我的，还说我一个小孩子懂什么。

我：这确实让人很伤心。那你有没有想过其他办法呢？

小谢：我想不出来，我觉得我什么都做不了。

听着小谢的故事，我也觉得特别无助，就像被一堆刺包围着，喘不上气，也看不到希望。眼看就要上课了，小谢擦了擦眼泪，跟我说了声"谢谢"。我明白她想结束这次聊天了，但我还有好多话想跟她说，还有好多关心想表达，我还想告诉她"辅导室的门随时对你敞开"。

三、解码小谢的拒学之谜

在随后几周的时间里，小谢不定期地来到学校心理辅导室找我，我也习惯了她戴着"大帽子"的样子。经过几次闲聊，我们开始熟络起来，压抑许久的小谢开始向我层层拨开了她心中的枷锁。

（一）家庭原因

小谢的爸妈关系不好，妈妈常常把对爸爸的不满发泄到小谢身上。每当小谢不听话或犯错误时，妈妈就会情绪爆发，致使家里气氛紧张，这是小谢心理问题的根源。小谢在成长过程中感受最多的是妈妈的批评和拒绝，她感觉不到爱和家庭的温暖，导致她在交朋友时也总是迁就别人，不敢说出自己的想法，这让她在和别人相处时更加困难。多重困难加码，导致小谢想要逃离学校环境。可是回到家里还有姥姥、继父、弟弟带来的伤害，使得小谢在上学、不上学之间反反复复，陷入了两难的境地。

（二）性格的影响

青春期的初中生，特别是女生，很容易变得特别敏感，她们特别需要爸妈的鼓励和爱护。小谢是个比较内向和敏感的孩子，有时候她不能很快地把不开心的事情说出来，心里积累了太多的负面情绪，这让她的身体和心情都得不到放松。这种长期的压抑和不安，逐渐侵蚀了她的学习兴趣和社交能力，使她对学校生活产生了强烈的排斥感。每当想到要去面对复杂的人际关系和繁重的学业，她就会感到无比的焦虑和恐惧，仿佛整个世界都在压迫她，让她喘不过气来。小谢的内心就像一座孤岛，渴望被理解却又害怕靠近。

（三）认知原因

小谢心里有个奇怪的想法，她觉得自己不管去哪儿都是多余的，总是觉得自己不受欢迎，也得不到认可，感受不到自己的价值。小谢常常把一些事情怪到自己身上，比如她觉得父母离婚是因为自己没坚持不上学，这种错误的想法让她不能好好地看待自己。这种总是觉得自己不行的思考方式，让她的心理压力越来越大，面对学习和生活时，她就更没信心，也提不起劲儿。每次遇到困难，她就开始怀疑自己，很难从低落的情绪中走出来。

（四）不上学的好处

小谢最开始不上学，是因为她觉得这样能让父母不再吵架。不上学让她暂时逃避了家庭矛盾，内心获得了一丝平静。然而，这种短暂的安宁却让她更加依赖逃避，逐渐失去了面对现实的勇气和动力。与小谢相似，有相当比例拒学的孩子都是因为父母的关系出了问题，就用不去学校的方式来引起父母的注意，争取自己的话语权，甚至想通过这种方式让父母的关系变好，这样他们就能得到他们想要的，还能得到一些额外的好处。

四、阳光普照："大帽子"下小谢的希望绽放

经过对小谢的一系列心理辅导后，我深感这段经历对我个人及我的心理辅导工作都产生了深远的影响。小谢，一个曾经因家庭问题而陷入困境的孩子，如今已勇敢地迈出了新的一步，考入了寄宿制学校，开启了人生的新阶段。回顾辅导过程中的点点滴滴，作为一名心理工作者，我也在思考，在小谢成长遇到困境的这段时间中，我做了什么让她、让我都开始相信，我们是有希望的，是可以改变的。这一切的背后或许是彼此成长的力量吧！爱与希望，才是让小谢摘下"大帽子"的真正内在推手。

（一）重建共情与信任——点燃希望的火苗

在小谢的心理辅导过程中，我始终关心她、尊重她，给予她鼓励和理解，让她感受到被尊重和被理解。通过深入的对话，我逐渐了解到她内心的恐惧和担忧，并帮助她认识到这些担忧并非完全基于现实。我告

诉她，她的感受是合理的，但也要学会放手那些她无法控制的事情。通过一系列的问题引导，我帮助她看到了自己的应对能力，并鼓励她积极面对生活中的挑战。

（二）重塑情绪与认知——种下希望的种子

我引导小谢多聊聊自己的感受，并教她一些放松练习的方法，如深呼吸、肌肉放松等，以帮助她更好地控制情绪。我定期与她探讨她对自己的看法、和同学之间的关系，通过稳定的陪伴，帮助她逐渐建立起正确的认知框架。我明确地告诉她，父母的婚姻问题是他们自己的选择，与她无关，她无须为此承担责任。我鼓励她学会放手，让婚姻中的问题和矛盾回到当事人身上，不要用自己的牺牲去换取家庭的完整。

（三）重燃潜能和力量——生出希望的翅膀

我始终相信小谢能解决自己的问题，不断挖掘她身上的优点和亮点，点亮她心中的希望之光。我鼓励她多参加学校的社团或小组活动，从她擅长的小事开始，一步步建立自信。她特别喜欢画画，因此我建议她参加与画画有关的社团活动，并在其中找到乐趣和交到新朋友。通过这些活动，她的人际关系得到了改善，自信心也得到了提升。

回顾整个辅导过程，我深感欣慰的是，小谢已经学会了如何尊重自己、关爱自己，并主动去改变自己。她不再被过去的阴影所拖累，而是勇敢地面对未来的挑战。我相信，在未来的日子里，她会继续成长、进步，成为一个更加坚强、自信的人。虽然今天的小谢还无法彻底摆脱"大帽子"下面那个委曲求全的自己，但我相信，阳光总会穿透云层，射进她的内心，点亮她的生命。

小谢其实就是学校里那些心里有烦恼的孩子的代表，每一个像小谢一样的孩子都需要被关注，被理解，被温暖的光照亮。而"我"则代表着一群普通的心理老师，我们带着保护孩子们心理健康的心愿，让自己的内心充满希望的力量，并为孩子们创造成长的机会。我们一直在关注他们，和他们一起走在希望的道路上。

辅 导 手 记

扫描二维码
观看视频

（一）守护孩子的纯真，不让家庭风雨侵扰

在温馨的家庭港湾里，每个孩子都渴望沐浴在父母和谐相爱的阳光下。然而，生活中难免会遇到一些波折，父母间偶尔不和，若不慎让孩子卷入其中，便如同在晴空下投下一片阴云。家长需铭记，孩子的世界应纯净无瑕，他们不应背负起调解大人矛盾的重担。孩子的笑容，是我们心中最温暖的阳光，值得我们用最大的努力去守护。

（二）营造和谐氛围，让孩子感受家的温暖

家是爱的港湾，而非矛盾的战场。当夫妻间出现意见不合时，应该用成熟和理智的方式处理，避免在孩子面前发生激烈的争执。夫妻双方可以选择一个宁静的时刻，以平和的心态，坐下来倾心交谈，共同寻找解决问题的钥匙。这样不仅是对孩子的一种保护，更是教会他们如何在未来的人生旅途中，以建设性的态度面对分歧。

（三）树立良好榜样，传递积极的人生智慧

父母是孩子人生最初的教科书，你们每一次平和的沟通，每一次相互的理解与支持，都是向孩子展示如何处理人际关系，如何以积极的态度面对生活中的挑战。这份积极的人生态度，将成为他们未来道路上最宝贵的财富，帮助他们建立坚实的人际关系，勇敢地面对每一个明天。

增能——
提升自我能力，强化成长基石

不想来上学的小西

姓名：小西

性别：女

年级：小学三年级学生（9岁）

关键词：稳定的客体、应对挫折、家庭教育

一、忧心忡忡的张老师

"老师，小西今天请假一天……"小西的妈妈又给班主任张老师打电话请假。开学这几周，小西几乎每周都会请假三到四天。其实，这样的情况从小西上一年级以来就一直存在，开始时请假两三天，后来请假一周，再后来请假一个月甚至更长。小西的妈妈给出的请假理由是小西注意力不集中，因为害怕被同学笑话，在学校总是强迫自己不乱动，时间长了会觉得很累，所以不愿去上学。每次小西一闹脾气，小西的爸爸妈妈也没办法，只能给她请假。

张老师反馈说，在学校小西的表现跟大多数孩子一样，基本能做到上课认真听讲、举手发言，但是课后作业完成情况不好，不愿意交作业。针对这一问题，小西的妈妈跟张老师说，让小组长和任课老师不用收小西的作业，这样小西就不会因为作业问题而拒绝上学。小西的妈妈表示在家里会给她布置适当的作业，争取不让她落下功课，老师们也都很配合。小西平时跟同学相处得也不错，很少闹矛盾。小西平均每周都会请假两三天，有时只来半天，考试时一般都会请假，但会回来参加补考。

对于小西的情况，张老师很着急，担心她随着年级升高落下太多功课补不过来，希望我能跟小西聊聊，看看能不能帮到她。我欣然同意，并很快帮小西预约了周三上午的心理辅导。

二、害怕出错的小西

第一次见面，小西准时来到心理辅导室。我请她坐下来，在简单地自我介绍之后，我说明了邀请她来的意图，并让她说说自己的想法。

小西说自己也不知道为什么不想上学，在学校跟老师、同学的关系都挺好的，在家里待着也挺无聊的。但一到上学的时候就不愿意出门，自己也不知道为什么。

当我问到今天为什么愿意来上学时，小西说因为今天跟我有预约，她很期待。之前，小西的妈妈带她找过心理咨询师，她感觉跟心理咨询师聊天很开心，所以今天就来了。

小西的言行举止看起来落落大方，语言表达清晰流畅，也很愿意跟我沟通，期间我没有发现她注意力不集中或是多动的行为表现。

（一） "我"每周三都来这里

我：刚才听你提到很喜欢跟心理咨询师聊天，能具体说说原因吗？

小西：之前妈妈带我见过几次心理咨询师，他们愿意听我说话，跟我聊天；而且我感觉跟他们聊天很有帮助，就是聊完之后对我有启发。但是没去几次，因为妈妈说效果不好就不去了。

我：在家里有人愿意听你说话，跟你聊天吗？

小西：没有。爸爸的工作很忙，妈妈经常一边忙自己的事情一边听我说话，一点儿也不专心，我就不想说了。

我：你是不是特别希望有人能专心地听你说话，跟你交流？

小西：是的，就像心理咨询师那样。

我：那你觉得今天老师在这方面做得怎么样？

小西：挺好的，您听得很认真。

我：如果你愿意，每周三这个时间我可以专门给你留着，你都可以来。

小西：可以吗？那我每周三都来这里。

我：当然可以，那就一言为定。

此时为小西提供一个稳定的、值得信赖的、可以倾诉的场所和专业人员，能够给她带来安全感，并成为她的依靠。这次约定之后，小西每周三都会准时来心理辅导室。

（二）"我"可以试试

我：你刚才说下午不到校了，是有什么特别的安排吗？

小西：没有，就是不想来了。

我：是因为不喜欢下午的课还是不喜欢上课的老师？

小西：（思考了大概1分钟）下午有一节微机课，因为之前我经常请假，没有学过，所以什么都不会。

我：是这个原因才不来学校的吗？

小西：不全是吧。

我：如果让你给这个原因打个分，0分最低，代表不影响你来上学，10分最高，代表就是这个原因让你不愿来上学，你会打几分？

小西：8分吧。

我：看起来这个原因对你今天下午是否来上学影响还是挺大的，能具体说说这个原因吗？

小西：我也没认真想过为什么，微机老师脾气很好，从来不发脾气。我就是感觉我什么都不会，来了也是白来，还不如不来。

我：还有其他原因吗？

小西：（想了想）没有了吧。

我：假如微机课上的知识你都会，今天下午你会来上学吗？

小西：应该会吧，因为在家其实也很无聊，不知道该干什么。

我：根据我的了解，三年级的微机课还是挺有意思的，学的东西不是很难。你觉得有没有什么办法可以让自己学会这些知识？

小西：我听同学说过，微机课上就是学打字、画画……老师讲完后大家就自己练习。我觉得在家可以让爸爸教我，我应该能学会。

我：心动不如行动，今天回家就行动起来怎么样？

小西：好，我一会儿回教室就问问同学微机课上都学了什么，今天回家让爸爸教我。

我通过层层询问、评估打分的方式逐步帮小西分析了她下午不到校的原因，并在此基础上带领她面对问题，帮助她找到解决问题的方法。

（三）"我"觉得"我"做不好

我：老师发现你反复提到在家挺无聊的，不知道干什么。那你平时有没有自己特别感兴趣的、喜欢做的事情？

小西：（想了想）没有。

我：你有没有想过长大后想做什么工作？

小西：没有。

我：那如果我们现在聊聊这个话题，你将来想做什么工作？

小西：（思考了大概1分钟）我想拍短视频，以前我给我的好朋友及妹妹拍过一些小视频，但拍得不好。

我：为什么说自己拍得不好呢？是有谁说你拍得不好吗？

小西：没有，是我自己觉得不好，我看到网上别人拍的视频都很好，他们拍摄得很有技巧，选题也好，我拍得乱糟糟的。

我：你说的那些都是一些很成熟的专业团队拍摄的，他们也是从基础开始的。你可以翻看一下他们最初的作品，也不是每个都优秀，都经历了逐渐变好的过程。

小西：嗯，但是我没有专业的设备，很多时候人也凑不齐，因为我的朋友们都有自己的事情要做。

我：那你可不可以先从拍自己、拍妹妹、拍父母开始练习，先积累一些拍摄技巧和经验。或者你先写一些简单的主题、剧本，准备得差不多了以后，再去跟朋友们约好时间集中拍摄。你觉得这样可以吗？

小西：（犹豫）嗯，我可以试试。平时有空就拍拍家人，通过练习积累经验；出去玩儿的时候也可以多拍一些景物的照片和视频，说不定以后做小视频的时候还能用上。

我：对，你的想法很好，随手拍可以积累经验和素材。只要行动起来，你会拍得越来越好，很期待下次见面能成为你的观众。

鼓励做事前被困难吓倒的小西先行动起来，是帮助她克服畏难情绪、应对挫折的第一步。

三、解锁小西的心灵密码

（一）周三可以来辅导——求助是小西发出的信号

无论是对第一次到访的期待，还是跟心理咨询师聊天的开心经历以及每次的准时到访，都说明小西对于倾诉、理解和交流的渴望。这是她平时很少被倾听、被理解、被尊重、被看到所致，父母平时的无效沟通或是忽视，让她放弃了沟通的欲望。但是当她有机会接触心理咨询以后，又看到了希望，于是她会珍惜每一个与心理咨询师沟通的机会，因为辅导的过程能让她感受到被尊重、被理解、被看到。

（二）我不想来上学——回避是小西保护自己的防御方式

面对微机课的困难选择不去上学，怕做不好就拒绝发展兴趣爱好，回避似乎是小西应对困难的一种习惯性做法。她习惯性地预设障碍，并在面对目标时产生"这个目标不可能实现"的念头，这实际上是一种"避免"或"逃避"的防御策略。通过这种方式，她避免了尝试新事物可能带来的失败和挫折感，还有因此产生的自我否定和失望。然而，这种防御机制虽然能在短期内提供心理上的安慰和保护，但从长远来看，它却限制了小西的成长和发展，让她错失了探索自我、发现潜能和享受成就感的机会。

（三）我什么都做不好——完美主义让小西更加"不敢面对"

因为注意力不集中，害怕被同学笑话，在学校总是克制自己；害怕微机课上的内容自己不会就不来上学；觉得自己拍不好就不拍自己喜欢的小视频……小西的这种完美主义倾向如影随形，让她在做事时害怕失败和出现瑕疵，为她的回避行为提供了强有力的借口：我做不好，我做不到，我不想做，我不喜欢……所有的理由都会让她的回避行为合理化。

其实，小西的完美主义倾向跟妈妈的教养方式紧密相关，小西曾提到她妈妈在家辅导她写作业时特别严格：字必须写漂亮，写不好就擦掉重写；写作业时必须坐好……整个写作业的过程，妈妈都陪在旁边，发现问题会随时纠正。因此，小西特别害怕做不好，因为做不好可能就意味着被否定或是受到惩罚。妈妈的行为让小西逐渐形成了害怕出错、追求完美的做事习惯。

四、带小西走出拒学的"小黑屋"

（一）我一直都在——为小西提供稳定的客体

稳定的客体，能够为孩子提供一个安全的避风港。在这个环境中，孩子可以自由地表达自己的感受、想法和经历，不必担心被评判或被拒绝。如同儿童在成长过程中需要母亲或其他重要抚养者提供稳定的情感支持一样，心理辅导室的预约设置，恰恰能够提供这样一个稳定安全的场所，并且心理老师的辅导可以持续给予孩子理解和尊重。在小西的故事中，作为心理老师的我在第一次与她见面时便感受到她强烈的求助欲望，于是顺势而为地与她约定好每周的辅导时间，实际上就是为小西提供一个稳定的客体，不断为她提供能量。

（二）我们来看看原因——引领小西学会找到问题所在

小西总是说自己不知道为什么不愿意上学。针对这一问题，在与小西的沟通过程中，我通过不断地问询、评估打分等方法，跟她一起讨论和辨别导致她不想上学的最主要原因，然后针对这个原因，鼓励、启发她自己想出解决办法。

（三）做自己想做的事情——鼓励小西长出勇气的萌芽

当我发现小西总是因为害怕失败、做不好等原因不敢行动、回避困难、止步不前时，我会不断地鼓励她去尝试做自己想做的事情，发展自己的兴趣爱好。我的具体做法是：每次辅导中聚焦具体的事情，带领她设定一个小而具体的目标，鼓励她去做、去尝试，每达成一个小目标，我都会真诚地赞美和表扬她；我还会带她回顾完成的过程，总结经验的同时品味成功的喜悦。在每一次应对挫折、克服困难的过程中，我逐步帮小西树立自信，建立自我效能感，不断提升自身能量。

（四）大家一起来努力——让更多的阳光洒向"小黑屋"

通过与小西的接触，我发现小西的妈妈在教育孩子上存在一些问题。为了更好地帮助小西，我及时与小西的妈妈进行了沟通，给她讲解家庭教育方面的知识，有针对性地提供建设性意见。比如，可以给予小西多一些专心的陪伴、耐心的倾听，减少挑剔，适当给予指导等。小西的妈妈也开始做出一些小的改变，为小西提供了更多的支持，小西的拒学情况也有所好转，请假的次数变少了，这是一个明显的进步。

辅导手记

扫描二维码
观看视频

（一）把倾听和陪伴放在首位

家长在陪伴孩子的时候要专心和专注，放下手机，放下工作，全身心投入。真正的陪伴是心灵的交流与共鸣，不是人在心不在，也不是只听不说。尤其是孩子主动与家长沟通时，往往希望得到家长的回应，这是孩子信任家长的表现，家长应当抓住这个机会，通过与孩子积极地互动和真诚地沟通，成为孩子可信任、可依赖的伙伴。

（二）鼓励和赞美是不变的妙招

父母要多关注孩子的进步和闪光点，及时给予正面反馈和鼓励，让孩子感受到自己的努力和成就被认可，这样他们才能逐步树立自信。与此同时，家长要避免用过高或不切实际的标准要求孩子，减少挑剔，避免孩子形成自卑等负面的自我认知。

（三）指导和求助是父母的作业

当低年级的孩子出现厌学、拒学行为时，家长可以通过有效的沟通了解发生了什么，及时提供帮助和指导，必要时可以寻求专业帮助。家长不要没有原则地放任或默许孩子的厌学、拒学行为，需要和孩子一起面对问题。在关键时刻寻求帮助，特别是专业的帮助，是父母的智慧之举。

即使微弱的光，也应当被看见

人物档案

姓名：小多
性别：女
年级：小学四年级学生（10 岁）
关键词：情绪问题、学习问题、二胎问题

一、进校前的抗拒

八点预备铃响起，教室里传来郎朗的读书声，班主任张老师照例和同学们一起早读，看到小多的座位上依旧空着，正想联系家长，便接到了小多妈妈的电话。电话那头，小多的妈妈焦急地说："张老师，您能到校门口来一下吗？小多就是不进学校，我在门口跟她僵持半天了！""好的，您别着急，我这就过去！"张老师快速地跑向校门口。

在校门口，小多一手拿着数学书，一手使劲地挣脱妈妈的手。看到张老师过来，小多的眼泪扑簌簌地掉下来。张老师经过一番了解后，得知小多的数学书被弟弟乱画了，因此不想进学校。张老师随即安抚小多的情绪，说："别担心，咱们先一起去办公室清理一下，我再陪你去跟数学老师解释。"张老师的话让小多慢慢放松下来，但她还是低着头，张老师牵着她的手缓缓地走进校门。

张老师把小多安顿好后立刻拨打了我的电话，我感受到张老师的焦急和担忧，请她来到心理辅导室交流。原来这已经不是小多第一次进校困难了，一遇到和弟弟闹矛盾的事情，她就不想来上学，而且在学校的情绪也比较低落，随着年级升高，成绩逐渐下降，作业也经常不交。张老师多次教育她，但效果并不明显。张老师很担心她的情况，家长也很着急，但是没办法。张老师希望我能和小多聊一聊，于是我帮小多预约了第二天的心理辅导。

二、埋藏在心里的声音

第二天，小多如约来到了心理辅导室，一阵很轻的敲门声后，进来一个瘦瘦小小的女孩。小多进门后有些手足无措，见状，我走到她旁边微笑着做了个简单的自我介绍，试图转移她的紧张感。看到她的视线在沙具上停留了一会儿，于是我向她介绍了心理室的陈列，后来我邀请她来到访谈室的沙发上坐下来，她习惯性地摆弄着衣角，很少看我，眼睛里透着微弱的光，说话总是细细弱弱的。我从她的家庭情况和最近的心情聊起，慢慢地和小多熟悉起来，随着聊天的深入，我对小多的成长经历和内心想法有了更多的了解。

（一）"我"在这个家里是多余的

小多上二年级时，弟弟出生了，妈妈在家照顾两个孩子，爸爸工作忙，经常出差，只有周末在家。小多感觉一家人总是围着弟弟转，有什么好吃的好玩的，都会先给弟弟。忙碌的妈妈也经常让小多帮忙看着弟弟，弟弟一哭，妈妈不问原因就先怪小多，小多说："我最讨厌的话就是'他小，你让着他点'。"看着爸妈哄弟弟时温柔的样子，小多常常想：我在这个家里是多余的。

（二）"我"学习遇到困难了，需要帮助

小多：其实……昨天我特别不想来，弟弟在我的数学书上乱画，妈妈又说他小不懂事，怎么能这样！

我：是啊，这么重要的数学书被乱画了，要是我也会特别生气。那后

来呢，你来学校了吗？

小多：来了。

我：这么生气的情况下你还能坚持到校，你是怎么做到的？

小多：因为张老师去校门口接我了，她说和我一起清理，再去跟数学老师解释，她对我挺好的。

我：在老师的鼓励下，你能快速地调整心情，走进学校，你做得很好。那你今天的心情怎么样？

小多：弟弟今天没惹我，我觉得我的心情还可以，而且今天有我最喜欢的美术课。

我：那让你不想来学校的原因是什么？

小多：语文作业没交，被老师批评了，还有上课听不懂。

我：不交语文作业和上课听不懂这种情况有多长时间了？

小多：一、二年级的时候我学习还挺好的，我还考过 A+，后来生病住院，回来后就有点听不懂了。上了三、四年级以后，我就觉得好难啊，上课老师讲的我听不懂，听不进去，晚上作业不会写。妈妈一直在忙，我不敢去找她，因为她一讲题就会生气，我听不懂她就批评我，可是我自己想也想不出来，她又会说我不专心，还给我布置新的练习题，每天都折腾到半夜，我太困了。

关于学习压力，小多说她根本达不到妈妈的要求，很多知识她听不懂，又不敢问，每当妈妈检查作业时她都很紧张，生怕妈妈发火，所以妈妈一忙顾不上检查时，她就暗暗放松，但是学习跟不上是客观事实，所以她的成绩一直在退步。说到一、二年级考过 A+ 时，小多抬起头和我有了一次对视，那一刻我看到她那双漂亮的大眼睛闪过一丝微弱的光芒，但很快她便不自觉地低垂下眼皮，一直看向地板。

（三）　"我"也需要被看见

我：在学校有让你感到快乐和放松的事吗？

小多：美术课。

我：为什么呢？

小多：因为我喜欢画画，画画的时候看到不同的颜色感觉很舒服，而且美术老师说我画得很好，有一次我妈妈也说我画得很像。

我：当你听到他们这样说的时候，你是怎么想的呢？

小多：我觉得很开心，很长时间没有听到这样的话了。

小多眼中的光芒再次闪现，在学习和作业之外，她有被看见的需求，而当周围的人只关注她逐渐下降的成绩时，她也逐渐退缩，失去了光芒。在与小多沟通的过程中，我发现她不能清晰地描述自己的感受。针对这种情况，我拿出汇心情绪卡，请她选择在学校学习时的心情，她选了两张，一张是气馁，一张是困乏。对于学习，她信心确实不足，当我问她"你希望改变现在的学习状态吗？0分表示不愿意，10分表示非常愿意"时，她很诚实地选了5分，她认为自己办不到，学不会，而问及是否愿意和我继续探讨这一问题时，她的意愿是8分。小多很愿意和我继续探讨，这更加证明她希望被看见。

困乏　　　　　　　　　　气馁

三、消失的光

小多的眼神给我留下深刻的印象，时而闪现光芒，但多数情况下都很暗淡，到底是什么导致她眼中的光逐渐消失了？

（一）小多因为弟弟的到来被家人忽视了

小多拒学的原因或是因为和弟弟闹了矛盾，或是因为弟弟越界干涉了她，或是因为父母的不公平对待导致她心理不平衡，这些表面的对抗、哭闹，实际上是二胎到来后打破了原有的家庭结构，成员关系悄然发生了变化，小多的身份由独生女变成了姐姐，这对年幼的小多来说是一个挑战，她感到自己不再是家庭中的唯一焦点，甚至担心自己变得不再重要。这种身份认同的模糊性导致她对自己在家庭中的位置和价值产生了困惑。父母在照顾弟弟时会暂时减少对小多的关注和陪伴，导致小多感到被忽视和冷落。于是，父母给弟弟买玩具时她也想要，弟弟吃什么她也要吃，小多企图用这种方式唤醒父母的爱，可是父母却总说"这是弟弟的，你长大了不需要"。结果，小多不仅没有得到关注，反而更感到父母只关心弟弟。小多觉得自己在这个家中是多余的，进而对学习和其他活动都失去兴趣。

（二）高要求催生了无助感

当小多因生病、学习难度增大等原因出现学习困难时，她没有得到及时的帮助和支持，父母的高要求和小多的实际情况出现日益增大的差距，这让她在不断的失败、受挫中感到无助。当她无力去解决这些时，她选择了逃避，因此出现上课走神的情况。但小多的内心仍然非常渴望得到父母的认可和尊重。父母对小多寄予厚望，希望她成为家里的骄傲，然而，小多现在在学习上遇到了困难，她感到自己无法达到父母的期待，从而产生挫败感和厌学情绪。

（三）无法应对，只能逃避

面对学习、与同胞相处等多个方面的压力和挑战，小多缺乏有效的应对方式，不知道该如何解决。妈妈的焦虑和情绪化、爸爸的经常缺席，让小多不知道如何表达自己的感受和需求，也寻求不到帮助和支持，这让她感到无助和沮丧。她将自己的真实情绪隐藏起来，努力做个乖孩子，试图让妈妈满意，以此"找回"妈妈的爱。但是，小多将过多的精力投注在妈妈身上，过于在意妈妈的期望，她学习的力量越来越不充足，出现很多负面影响，比如追求完美、无法专注，甚至开始自我否定，觉得自己就是一个笨孩子，逃避学习成为她应对内心痛苦的方式，殊不知拒学正向她袭来。

四、多维赋能——找回光

光映自我　爱中成长

（一）沙盘赋能——先不谈学习

小多在学校的表现是事与愿违的：听课走神、作业不交、成绩下降，家长和老师常常苦口婆心地教导，而小多面对这些"为你好"的说辞，内心是厌烦的，因为没有人真正理解小多的困境，所以我打算先走近小多，不谈学习。

第二次心理辅导约在了一周后，当我提议玩沙盘时，小多开心地同意了。当时她刚上完体育课，额头上渗出汗珠，我递给她两张纸巾，说："快擦擦汗喝点水，先休息一下，不着急。""谢谢老师，您也喝点水吧！"她看了一眼我桌上的水杯，说道。小多内心的担心被打消后，竟然主动关心起了我，让我感觉她和上一次不太一样。

第一次沙盘活动在轻松愉快的氛围中结束。小多一扫之前的拘谨和木然，时而自言自语，时而向我讲解，她的笑容在中午阳光的映衬下，显得格外灿烂。这一次除了讲解沙盘的步骤和要求，我很少讲话，在她旁边安静地听她讲她构建的沙盘世界以及她心中的向往。辅导即将结束时，她意犹未尽，期待地问我："下周我还能来玩沙盘吗？"得到我肯定的回答后，她的脸上露出浅浅的笑容。常常听到老师和家长这样评价学生：只要不谈学习，就是个好孩子。但是这次"毫无目的"的沙盘活动，让我深切感受到，当我们收起比较、评判、指责、要求，少一点时间唠叨学习，多一点时间陪孩子玩，我们会看到一个更灵动、更有能量的孩子。

小多第一次沙盘作品

（二） 赞美赋能——我看到你的光

小多又一次如约来到心理辅导室，笑嘻嘻地走进沙盘室，我用微笑回应她。这次谈话，小多主动反馈关于作业的变化，这让我非常意外，因为我们在上一次的见面中并没有说到关于学习的话题，而这一次她却主动谈起了她的作业。我知道是沙盘安全的氛围给了她充分的自由空间，让她的主动性得到自然"生长"。我仿佛看到一股力量，更想知道这股力量来自哪里，于是追问道："你好棒啊，之前作业错得多，也有不交作业的情况，现在基本能做对，有了很大的突破，你是怎么做到的？"小多想了想认真说道："我上课认真听了，我告诉自己不做小动作，有些题目我也能听懂。"我赞赏地点了点头，对她说："看来你在听课方面做出了努力。"小多若有所思地想了几秒，然后认真地点了点头。我采用直接赞美和振奋性引导的方式，关注了小多的行为细节，发现她在作业和课上表现方面的小进展，继而推动改变的发生。这让小多感受到我是认可她的，同时促使她有意识地总结自己的成功经验。

　　除了运用直接赞美，在后来的辅导中我也运用间接赞美改善小多对学习的情绪感受。我问她："妈妈看到了老师在群里发的表扬你的内容，是什么反应？""她说我真厉害啊！还发到了我们大家庭的群里。她还说周末一家人一起出去玩！"小多说话时的表情活泼又灵动。"看到你的努力和进步，你妈妈真是很为你高兴呢！"我赞许地说。小多很重视妈妈对自己的看法，妈妈的间接赞美，既能对小多进行外在驱动，又能改善亲子关系。不只是我看到了小多的光，在小多有了一小步的改变后，家长和老师的及时鼓励让小多感受到被看见，她的内心需求得到回应，得到满足，她的光慢慢透出来。

（三）自我赋能——我看到自己的光

　　针对小多逻辑思维弱的特点，我有意识地引导她多角度思考。她在整理沙箱时说："我感觉沙子少了一点。""哦，为什么会少呢？"我耐心地引导她思考问题。她想了想说："您看我用手压下去时沙子看起来就少了，有些沙子藏进了沙具的缝里，有时也会不小心洒到地上一点。"我看到了她认真思考的结果，于是对她说："的确会这样，你想到了三种可能，思路清晰，说得也很明白。"
在后来的辅导中，我也在努力寻找
她其他方面的闪光点，比如，我发
现她在动手操作方面很擅长，便问
她："你有什么窍门吗？"她抬起
头认真地看着我，说："我挺喜欢
做手工的，而且我觉得挺简单的，

小多第四次沙盘作品

窍门是我会先仔细观察，然后多练几次，就越做越好了。"她已经会用条
理化的方式清晰表达了。"老师，但是我学习不好，您说是我笨吗？"她
突然又情绪低落起来。"不是，学习和学做手工是相通的，你做手工学得
这么快，说明你的学习能力很强啊！而且你最近学习已经在进步了，坚持
下去一定会有收获的，你要相信自己。你看到沙盘那头闪烁着坚毅目光的
小鹿了吗？那就是你！"找到自己擅长的事情，并提炼经验，这个过程的
梳理为小多提供了自我赋能的契机，同时让小多与现实相联系，帮助小多
评估自己的想法是否与现实相符，及时调整认知，帮助她摆脱不切实际的
信念和情绪束缚。这样不仅周围的人能看到她的光，她自己也能看到自己
的光，接纳自己、认可自己才是最重要的能量。

　　在日常的学习生活中，一些孩子，尤其是学习不好的孩子，常常得到
父母、老师的负向关注，缺点和不足也往往在无形中被放大，在孩子的心
中种下"我永远都做不好"的种子，当孩子再遇到困难时就会无助、不自
信。其实，无论大人还是孩子，都渴望有人能够不加评判地认真倾听，沙
盘活动恰恰实现了在一个独立空间内的充分表达，而表达本身就是一种情
绪疏导，一种能量释放。基于小多的现实情况，我在深入了解她的基础上，
找到她的闪光点，让她迈出改变的一小步。在家校的配合下，给小多及时
的正面反馈，给予她鼓励和肯定，逐渐提升她的自我效能感，她学习的信
心与动力也就逐渐恢复了。

辅导手记

扫描二维码
观看视频

（一）家有二宝，切忌"因小失大"

因为有了二宝，父母很容易对老大失去耐心，想当然地认为老大要谦让、要帮忙、要懂事，对老大也逐渐减少了陪伴时间，这就是所谓的"因小失大"。其实，老大在这个阶段更应该被重视，曾经他是家里的唯一，如今却突然失宠，全家都围着二宝团团转时，老大被关注和被爱的需求是真实的，也是最容易被忽视的。所以，有了二宝后，父母应该给老大更多的关注和爱。如果父母过度地关注二宝，让老大让着二宝，会让老大心生怨气，长此以往还可能产生"我做不好，爸妈不喜欢我"的想法，缺少安全感和归属感，进而失去自信。同时，这也会让二宝觉得所有人娇惯、迁就自己是正常的，容易使其自满骄傲。这样不仅对他们的性格发展无益，也不利于他们之间关系的建立。

（二）如何做到不"因小失大"

父母应给予老大足够的关注和爱，让他（她）感受到自己在家庭中是重要的，有价值的。父母可以在每周给老大一个专属的亲子时光，或者安排一些家庭活动，让老大参与其中，感受到家庭的温暖和欢乐。随着年龄的增长，父母可以与老大进行深入的沟通，认真倾听、了解其内心的想法和感受，帮助其认识到父母对他（她）的爱是独一无二的。父母还可以通过具体行动，如陪伴、鼓励、表扬等，让老大感受到父母的关爱和支持。同时，父母也要关注老大的个性发展，不要只盯着他（她）暂时发展不理想的方面，多发现他（她）在其他方面的优势和闪光点，也可以和老大一起参加一些有益身心的活动，如体育运动、艺术活动等，培养其兴趣爱好和自信心，点燃心灵之光。

等待那朵花的盛开

人物档案

姓名：小洁
性别：女
年级：初中一年级学生（13岁）
关键词：情绪问题、自伤行为、自我价值

一、寻找救命稻草的妈妈

"跟你说了不要再划自己的胳膊了，你为什么又划！"小洁妈妈又心疼又生气地对小洁喊道。这已经是她第三次发现小洁用小刀划自己的胳膊了，她不明白小洁这是怎么了。刚进入初中没几天，小洁就哭着跟妈妈说自己压力太大不想去上学了，小洁的妈妈便答应她回家休息几天，可现在一个学期快要过去了，小洁不仅没有返校上课，情绪也越来越不对劲。

最开始，小洁的情绪还算稳定，也能在家完成自己制订的学习计划。但不知道从什么时候开始，小洁的妈妈一跟小洁聊起返校，小洁就变得十分激动，一反往常乖乖女的形象，有时甚至生气地把房门一摔，把自己锁在房间里。而最让小洁妈妈担心的还是小洁胳膊上密密麻麻的伤痕，那是小洁情绪激动时自己拿小刀划的。

小洁的妈妈看了各种与孩子相处的书籍，她试着跟小洁谈心，却被小洁的一句"你根本不懂我"堵了回来。面对这样的情况，小洁的妈妈无助极了，她不知道自己还能做些什么，她也不明白，一向乖巧懂事的小洁怎么突然变成了这个样子。

经班主任的介绍，小洁妈妈拨通了我的电话。听了小洁妈妈的介绍后，我询问她是否可以让我和孩子见一面，了解孩子的想法。她赶忙说可以，但也需要征求孩子的意见。

二、一朵花的困境

令人欣喜的是，小洁愿意来学校见我。由于小洁太久没有踏进校园了，走进学校对她来说是件困难的事，所以我来到校门口迎接她。隔着校门口，我远远瞧见了小洁，她的皮肤在阳光的照耀下白得好似发光，如同她的名字一样，像一朵洁净的小花。接下来，我们在心理辅导室开启了第一次对话。

（一）不喜欢现在的状态

我：如果给你现在的生活打分，10 分代表非常满意，1 分代表没那么满意，你会打几分呢？

小洁：3 分吧。虽然在家里有很多事可做，可我还是不满意，因为不管怎么样还是要去上学的。想到别人都在上学，只有我自己不去上学，就觉得不太好，感觉现在的生活没有意义。

（二）"卷"不过他们

我：那是什么阻碍了你回学校继续上学呢？

小洁：（情绪有些激动）老师，您不知道，我们班的人都太"卷"了，我"卷"不过他们。刚升初中时我还是很期待的，可是开学后我发现，他们都好厉害，有的同学暑假就学完了初一上学期所有的知识，他们写作业的速度也都可快了！我害怕被老师和同学发现这些知识我不会，我也怕我一直学不会。我想在家里自己学，等回学校的时候让他们觉得我很厉害。

我：听起来你也想在家悄悄地"卷"他们。

小洁：（笑着点点头）嗯，对。

（三）觉得自己很没用

我：对于不去上学这件事，你家里人是什么态度？

小洁：刚开始妈妈也知道我压力大，对我很包容。但爸爸说我太矫情了，觉得我禁不起挫折。可是时间久了，妈妈也不像刚开始那样有耐心了，老劝我回学校上学。

我：听起来你很渴望得到爸爸妈妈的理解，当看到他们的态度时，你是怎么想的呢？

小洁：他们一提上学我就很崩溃，我觉得自己对不起家人，觉得自己很没用。我前几天也试着学习了，可是我学不进去，越学不进去就越心烦。我不能为社会做任何贡献，我觉得这样的生活很没有意义。

说到这里，她的眼里泛起了泪花，我抽出一张纸巾递给她。

我：听你这么说，我感受到了你的无力感，我很心疼你，你愿意试着让我陪你一起度过现在的困境吗？

小洁哭着点了点头。聊到这里，我对小洁也慢慢开始了解，这个表面看起来简单、腼腆的小姑娘，内心也藏了很多她难以承受的压力，压得她快要喘不过气来。

三、藏在小花之下的拒学之谜

随着对小洁辅导的深入，我觉得小洁的问题仅靠心理辅导是不够的，我建议小洁的妈妈带她去医院做专业的诊断，诊断结果显示小洁有中度抑郁症，小洁选择吃药治疗的同时和我继续进行心理辅导。我也渐渐解开了小洁不上学的谜团。

（一）　拒学挡住了抑郁的浮现

我们都知道抑郁症患者最典型的表现是情绪低落，对身边的一切事物都提不起兴趣，甚至会伤害自己。这种状态的外在表现形式是：我什么都不想做，哪里也不想去；体现在对学校的态度上：我不想去学校，不想学习，我只想躺着。抑郁症和拒学现象在行为表现上常常很相似，所以小洁的父母和很多父母一样，只关注到了她不上学的行为，没看到小洁的抑郁情绪。

实际上，小洁除了有拒学行为之外，也有明显的抑郁情绪，做什么事情都提不起精神。其实，小洁也不是没有过回学校上学的想法，但在抑郁状态下的她，丧失了返回学校学习的能力，这一点却被父母忽略了。

（二）　如此表达，父母还是视而不见

我们每个人心底都隐藏着强大的能量，通常人们都会为自己的这个能量找到一个投注对象，比如，幼儿会投注在爸爸妈妈身上，儿童会投注在游戏上，学生会投注在学习上，成年人会投注在事业、家庭上……只要能够找到自己的投注对象，人就会处在一种健康的状态。

像绝大多数同学一样，小洁将能量投注到了学习上。但随着升入初中后学习难度加大，学起来不再像小学一样轻松，她的能量投注受到了阻碍，于是她的身体帮助她求助：一来学校就头疼、拉肚子……可这一系列的身体反应让小洁妈妈感到困惑：去大大小小的医院都检查过了，明明检查结果都显示没问题，为什么一上学就不舒服？会不会是为了不上学装病的？身体症状背后的困境没有被家长理解，于是，小洁的第一次表达失败了。

再后来，持续的学习困难不断地打击小洁，这时候，小洁选择了退缩和回避。小洁待在家里的这段时间，小洁的爸爸认为小洁太矫情，小洁的

妈妈虽然允许小洁暂时不上学，但在家里歇几天后必须回学校。这次，小洁的父母选择了用强硬的态度应对。所以，小洁第二次用拒学的方式表达也失败了。

最终，在学习上无法投注的能量投注到了小洁自己身上，小洁胳膊上划开的那一道道伤口为能量找到了出口。这一次，小洁的父母才开始看到：她可能真的遇到了困难，需要爸爸妈妈的帮助。

（三）内心深处那个苛责的声音

著名心理学家弗洛伊德的精神分析理论认为，每个人终其一生都不是孤军奋战，而是一个人驾驭三个人，即本我、自我和超我。"本我"是人格结构里最原始的部分，藏在人的潜意识里，追求最本能的快乐。"自我"是从"本我"中逐渐分化出来的，是人格结构的中间人，要去协调"本我"和"超我"之间的冲突，从而满足自己的需求。"超我"是人格结构中道德和道德规范的代表，它用社会和文化价值观来要求自己。

在跟小洁的谈话过程中，她经常会说"我觉得我在家待着就不能为社会做贡献了"，这样强烈的社会责任感在同龄孩子中其实很难见到。我后来得知，小洁的父母都是政府工作者，常常跟小洁强调为人民服务的奉献精神，于是"做一个对社会有用的人"这种想法渐渐在小洁心中生根，成为她潜意识中的自我要求，小洁的"超我"便这样形成了。

正常情况下，"超我"可以是一个人成长的动力，但如果"超我"过于严苛，则会不断地进行负面评判。在小洁的心中，总有个声音在提醒她："你看，你又没做好！""你看，你又辜负了父母的期待"……这种负面的声音不断地在她耳边萦绕，最终导致小洁的自我评价越来越低，不相信自己能够学好，开始害怕上学。

刚开始听到小洁的故事时，我的关注点更多是在自伤这一危险的行为上，但随着交流的深入，我渐渐理解了小洁的无助。在她拒学这一行为的背后，隐藏的是内心能量的投注困境和心中那些根深蒂固的信念。或许每个拒学行为的背后，都有需要探索和挖掘的秘密。

四、冲破内心的枷锁：花朵的绽放之路

（一） 看见无声的呐喊，家校社协作注入能量

小洁的胳膊上有密密麻麻的伤痕，新伤旧伤叠在一起，看起来有些触目惊心，也让人心疼。我询问小洁："你在什么时候会想要用小刀划伤自己？"她低着头回答："上次是单词总背不过的时候，我很难受，只有划自己才能感觉到轻松。"小洁跟我说，她之前的自伤行为也都和学习有关。似乎学习的困境是让她情绪崩溃的源头，拿小刀划伤自己的一瞬间，身体的痛苦转移了心灵的痛苦，让她感受到一种暂时的解脱。随后我又询问了小洁最近的情绪状态，小洁说她近两个月以来一直会无来由的情绪低落。

由于小洁被诊断为中度抑郁，我们以医院的药物治疗为主，心理辅导

为辅来帮助小洁。这次的诊断给了小洁父母改变教育方式的动机，他们对小洁的情绪更加关注，教育方式由批评指责向鼓励陪伴转变。自此，一个由家庭、学校、社会组成的系统形成，为小洁的转变注入能量。

（二）让花朵的能量找到释放途径

我：当你觉得心情不好的时候，你会做些什么让自己舒服一些？

小洁：最近就是用小刀划自己，除了这个我觉得没有什么能让我心情好一些了。

我：听你说最近你的心情一直不算很好，但是也只划伤了自己三次，你是怎么做到的呢？

小洁：跑步算吗？最近我喜欢上了跑步，每天跑步的时候，心情好像就没那么糟糕了。

我：当然，这的确是一种情绪宣泄的方法。跑步的时候你是什么样的感受呢？

小洁：感觉什么都不用想，整个身体都很轻快，大脑也感觉很轻松。

我：那除了跑步之外你还喜欢做些什么？

小洁：那应该是看动漫了，我平时很喜欢看。

我：这也是个转移注意力的方式。听起来除了划伤自己之外，还有其他的事能让你的心情好一些，下次心情不好的时候，尝试用这些方法来代替伤害自己，好吗。

小洁：（郑重地点了点头）好，我试试。

在这次谈话中，我通过让小洁找到她的兴趣，从而让她的能量得以投注在其他地方，让真实的"本我"得到释放。回忆自己曾经处理负面情绪成功的经历，让小洁意识到：负面情绪并不是打不败的怪兽，自己一直都拥有处理情绪的能力。

（三）发现例外，看见花朵的色彩

"我什么都做不好"，这是小洁最爱说的一句话。这一次谈话，我没再询问她的失败经历，而是问她最近有没有觉得自己做得挺好的事情。

小洁：（眼睛一下子亮了起来，语气中有些得意）这周我穿着自己制作的衣服跟好朋友去参加了漫展，竟然有好几个人过来找我"集邮"。

我：听起来很棒！我记得你说这是你第一次参加漫展，就获得了这么好的结果，我真为你高兴。

小洁：我很惊讶，也很开心，觉得自己好像也挺厉害的。

我：发现自己比想象中更好，这让你感到惊喜，那你觉得自己还有哪些地方挺厉害的？

小洁：我小学的时候写了一篇两万字的小说，这个算吗？不过这部小说还有很多需要修改的地方。

我：原来除了动手能力强之外，你还会写小说呀，真厉害！两万字挺多的，你是怎么坚持把这两万字写完的？

我很欣喜，小洁能想到自己的这项能力，我想继续引导她探寻自己的优势。再一次听到夸奖，小洁害羞地捂住脸。

小洁：写小说这件事有那么厉害吗？我觉得好像大家都能写出来呀。

我：你的意思是，写小说是一件很容易的事情吗？

小洁：也不容易，我写小说的时候喜欢抠细节，每一个人物我都要想好怎么刻画，把人物背景都想好后才动笔，有时候写完之后不满意还要不断地修改。

我：听起来写小说这件事确实不简单，需要你很细心地去刻画每一个人物，也需要比较好的文笔，同时也需要一定的毅力，才能把这件困难的事情坚持下去，是这样吗？

小洁：（不好意思地笑了）好像是的，听你这么说，我突然觉得自己还挺厉害的。

在这次的对话中，我只做了两件事：发现她的优势和积极关注。当她再次否定自己时，我把目光放在她的成功经验上，让她看见自身拥有的能力和优势。同时，我的积极关注让小洁逐渐愿意相信自己的能力，激发了她的自我价值感。毕竟，当一个人认为自己有面对困难的能力时，才能够愿意做出改变。

造成小洁"谈学色变"的原因有很多，有她自身的要求，有来自家庭、社会的压力，但是能引发她转变的方式也有很多，有医院专业的治疗，有学校适时的帮助，有父母积极的转变，每一条途径都能为她的转变赋予能量。她的成长之路也像极了花朵的绽放过程，从一开始将自己像花骨朵一样缩起来，到现在开始愿意看见自己的色彩，绽放出属于她的花朵。而这个过程，离不开小洁自身的努力，也离不开学校、家庭、社会的阳光和滋养。尽管这个过程有些艰难，但花朵终将绽放。

辅 导 手 记

扫描二维码
观看视频

（一）关注厌学、拒学孩子的情绪状态

面对一个厌学、拒学的孩子，多数家长会把注意力放在"他今天又不去上学了""他今天在家没学习"这些与学习相关的行为表现上，而忽视了孩子的情绪。或许在这些情绪的背后，有一些家长没有看到的内心需求。当发现厌学、拒学的孩子总是闷闷不乐，做什么都提不起兴趣，或是食欲下降、失眠时，家长需要格外注意：孩子可能不是不想学，而是生病了不能学。孩子的身心健康是学习的基础和前提，家长只有及时觉察孩子的情绪，才能保证孩子在一个健康的状态下学习和生活。

（二）给予积极关注，让孩子有重返校园的信心

通俗一点说，积极关注其实就是对他人的言语和行为积极、光明、正向的一面予以关注。对于那些低自尊拒学的孩子，积极关注是非常有必要的。心理学认为，我们关注什么就会得到什么。当听到的声音全是消极的，孩子便只能看到自己的缺点；听到的声音是积极的，孩子便能看到自己优秀的那一面，从而朝更好的方向发展。积极关注就是父母、老师在和孩子接触时，多向孩子表现出对他的喜欢与欣赏，真正地看到孩子积极的方面，包括他的长处、付出的努力。积极关注往往能够帮助孩子深化自我认识，全面客观准确地认识自己的内部世界和外部世界，让他们看到自己的长处、光明面，更好地接纳自己。

一直在"奔跑"的小方

人物档案

姓名：小方
性别：女
年级：初中二年级（14岁）
关键词：焦虑情绪、秩序感、失控感

一、学霸少女拒学之谜

本周内，班主任已经接到三次小方妈妈焦急的电话了，她对孩子突然不愿上学这件事感到既困惑又无奈。小方的妈妈一直都非常注重对孩子的教育和培养，为小方报了各种培训班和兴趣班，期望她能全面发展。在学习上，小方的妈妈也总是陪伴左右，帮助小方精心规划学习时间，把所有事情都梳理得井井有条，确保每一秒都不被浪费。小方也不负众望，从小学起就在班级中名列前茅，这让小方的妈妈对自己的教育方式深感自豪。

然而，进入初二后，小方的学习态度开始发生转变。她不再像以前那样积极主动地学习，作业也经常拖到深夜才完成。小方开始频繁地抱怨学习压力大、作业繁重，对学习的兴趣大减。到了周末，她也变得不愿意出门，沉迷于手机或一直睡觉。随着时间的推移，小方的拒学情绪愈发明显，甚至每周都会有一天坚决不愿意上学。如果强行送她去学校，小方就会出现头晕、胃痛等症状，不得不留在家中休息。

小方的妈妈看着女儿日渐消沉，内心焦急万分，开始担忧小方的未来。她尝试与小方沟通，但小方要么沉默不语，要么态度敷衍，甚至在被问急时会发脾气。小方的妈妈发现，自己越想努力解决问题，小方的反抗和抗拒就越强烈。这一现状让小方的妈妈陷入了深深的困惑与无助之中。

班主任也很担心小方的情况，从上学期开始，小方的成绩大幅下降，学习状态很低迷，经常在课堂上打瞌睡，也经常出现不交作业的情况。上周因为没有请假，到周五时小方情绪激动，无法控制地在课堂上撕掉了一张卷子。更让班主任担心的是，马上就要进入初三的紧张阶段了，如果现在小方调整不好状态，未来情况只会愈发糟糕。为此，班主任也多次找小方谈话，希望她调整心态，但都收效甚微。在与小方的妈妈商量后，班主任建议小方到学校的心理辅导室进行辅导，小方同意了。

二、一想到学习就焦虑

第二天在约定的时间，小方来到了心理辅导室。她跟我打完招呼坐下后，我询问她："有什么能帮助你的吗？"她回答道："从上学期快结束开始，我对学习有了严重的焦虑情绪，一想到学习，一来到学校，我就感觉非常焦虑，有时还会心慌、头晕、反胃、手脚冰凉……"

通过谈话我慢慢了解到，在小方拒学的背后，她的内心深处正经历着复杂而深刻的痛苦与挣扎，但这些情绪如暗流涌动，难以被外界轻易察觉。

（一）"我"要被焦虑压垮了

在辅导的过程中，我试着引导小方觉察引起她焦虑的具体事件或场景。

我：能具体谈谈你的焦虑吗？在什么情况下你会感到焦虑？

小方：我担心自己成绩跟不上，会制订一些学习计划，但实施的时候又会犯懒，为自己找借口，导致事情越堆越多，就像滚雪球一样。

我：我能看到即使你被焦虑情绪困扰着，还是努力想要做点什么。

小方：（有点无奈）但我感觉自己要被压垮了，所以干脆摆烂了。现在我每周必须请一天假，不然就要崩溃了。

我：请假的这一天是因为有自己不喜欢的科目，还是随机选择的一天？

小方：一般是周三，因为周一和周二刚过完周末，周四和周五快到周末，都还能坚持。

我：当我们感觉累的时候，的确需要自我关怀，那请假的这一天你具体会做什么呢？

小方：（看上去有点自责）什么都不做，就是在家玩。我看书上说要接纳自己的情绪，可是……

我：怎么了呢？

小方：我现在每周都休息一天，可是我马上就要上初三了，我不能一直玩下去啊，到底得放松多久才够呢？

我：听上去你是在担心这种接纳是在纵容自己，可能会导致自己越来越松懈，或许我们可以换个角度来看看你的焦虑。如果把你的焦虑和你剥离开来，它也是一个个体的话，你会给它取什么名字？

我尝试引导小方换个角度，拉开她与情绪的距离。

小方：繁杂。

我：你怎么理解这两个字？

小方：每天要做的事情又多又杂，做完一件还有一件。

我：好，那我们现在就尝试站在"繁杂"的角度回答下面的问题，首先在小方的生活中，什么促使了你的产生和出现？

小方：一个是学习，另一个是当她有开心的事想和妈妈分享的时候，妈妈总是会绕到学习上来，比如，她想和妈妈分享一个好吃的蛋糕，妈妈就会说不好好学习以后就吃不上了。

（二）"我"不喜欢被打乱计划

我继续引导小方站在"繁杂"的角度上深入思考。

我：在什么情况下，你容易得逞或容易干扰到小方？

小方：当她安排好的事情出了差错的时候。

我：能举个例子吗？

小方：比如自习课已经安排好了计划，但突然被占课了，她就会非常烦躁。

我：让你烦躁的并不是被占课，而是无法按照自己的计划进行，是这样吗？

小方：我不喜欢被打乱思路，不喜欢被打乱计划，让会让我非常不舒服。

我：听起来你不喜欢自己无法掌控的因素。

小方：很不喜欢。

我：对你来说，做计划意味着什么？

小方：我妈从小就跟我强调计划的重要性，每天写作业之前都要做计划，周末也是一样，都要按照计划执行。

我：不按照计划执行会发生什么糟糕的事情吗？

小方：可能也不会，但是我已经习惯做计划了。做好计划就抓紧干，周末的作业我习惯在周五晚上一口气全写完，这样我才感觉轻松一点。

我：没完成计划的时候你会感觉很焦虑吗？

小方：会，只有完成计划的事情之后才有真正属于我自己的时间。

我：有了真正属于自己的时间，你会做些什么呢？

小方：没人打扰地听音乐，乱写乱画，这让我感觉心里会舒服一点。

（三）应该是这样

在一次辅导中，我使用了 OH 卡牌来帮助小方看到自己的认知模式，其中有一个环节叫作"舒服 VS 不舒服"，规则为任意抽取两张卡片，选择一张让自己感觉比较舒服的卡片放在左手边，再选择一张让自己感觉不那么舒服的卡片放在右手边。

小方抽取的两张卡片，一张卡片画的是一间办公室，桌椅摆放和配色都很常规，小方将它放在左手边，代表着让她感觉比较舒服。另一张卡片画的是一个在风景中被突出的竖放着的红绿灯，小方将它放在了右手边，代表着让她感觉不那么舒服。

我问道："左边这张卡片让你比较舒服的点是什么？"

小方看着图片回答说："它就是一个办公室应该有的样子。"

我继续问道："那右边这张图哪里让你觉得不太舒服？"

小方微皱着眉头说："红绿灯应该是横放的，但这张图片上的红绿灯是竖放的，让我感觉不太舒服；另外，这个红绿灯的大小应该和周围景色的比例相协调，但它太大了，马路与天空的距离应该再远一点才正常……"

三、学霸为何也拒学？

随着辅导的不断深入，我意识到拒学只是小方内心深处复杂情感和困扰的一种行为表现，这种行为背后隐藏着更深层次的心声呐喊。

（一）从默默承受到拒学反抗

从懵懂的小学时期起，小方的生活便被各式各样的培训班和兴趣班紧紧包裹，面对妈妈的期望与外界推崇的主流教育潮流，她尚不具备表达自我意愿的能力，那些本该属于游戏和探索的时间被一一占据，小方只能默默承受着妈妈近乎"完美"的安排。

随着年龄的增长，特别是步入青春期后，小方内心的声音开始觉醒并日益强烈。长期累积的不满与压抑，如同蓄势待发的洪水，终于找到了它决堤的出口——拒学。这一举动虽然看起来有些极端，却是小方用自己的方式对过往缺乏选择权的生活做出的最直接、也是最激烈的反抗。她希望通过这种方式，让妈妈听到她内心深处对于自由成长、自我探索的渴望，以及对于真正热爱之事的选择权。

（二）内化期望与能力缺失的不平衡

小方的成长轨迹自小便被妈妈那双无形却强有力的手精心规划，生活和学习中的每一个环节都被妈妈安排得井井有条，无微不至。小方向前走的每一步，似乎都是在妈妈铺设好的轨道上进行。在这样的高控制环境下，小方逐渐失去了自我探索与发展的空间。

随着时间的推移，小方步入了需要更多自主性与独立性的成长阶段。然而，由于长期习惯于遵循妈妈的安排，她并未建立起足够的自我驱动能力和解决问题的能力。过去那些由妈妈强加的要求，也在不知不觉中内化为小方自我认知的一部分，成为她衡量自我价值的一把标尺。但现实是，她的实际能力并未达到这些内化后的高标准，这种能力与期望之间的不平衡，引发了小方内心深处的焦虑与挫败感。最终，当学业压力与自我期望的双重重压达到临界点时，小方选择了以拒学的方式来表达这种深层的心理冲突。

（三）讨厌被打乱计划的背后

首先是对不确定性的恐惧。不确定性往往伴随着风险和未知，这可能会使小方感到不安和恐惧，所以她会使用从小习惯使用的策略，即通过制订详细的计划来减少不确定性，并希望这些计划能够得到严格执行。当计划被打乱时，她的焦虑感和恐惧感就会加剧。这个过程也伴随着对控制的渴望，小方喜欢按照自己的计划行事，并希望事情能够按照预期发展。

其次是完美主义倾向。完美主义者往往对自己和他人都有很高的期望和要求，同样，小方也希望每件事情都能做到尽善尽美。当计划被打乱时，她就会认为这破坏了自己的计划，从而产生不满和烦躁的情绪。

（四）"应该"的思维模式

在认知情绪疗法中，"应该"句式是引发负面情绪的一种非理性认知，具体表现为使用"应该"或"不应该"这样的句式评价自己或他人。例如，在 OH 卡牌中，小方多次谈到某样事物"应该"是怎样，而"不应该"是怎样。"应该"句式让我们对周围世界产生了固有的要求和期待，这时候我们的判断往往以自己过去的经验为中心，而忽视了当下真实的感受和需要。而这种"应该"的想法，也让小方对自己提出了过于严苛的标准和要求。她会为自己制订各种各样的学习计划，认为自己应该这样，应该那样，但当自己的实际表现低于预期标准时，她就会对自己越来越不满意，产生内疚、自责、焦虑、沮丧等负面情绪，继而产生逃避行为。

四、为小方赋能，重回轨道

（一）培养自我娱乐能力

通过几次心理辅导，小方给我留下的印象是思维清晰，始终试图保持理智思考，对于自己"应该"去做的事情有着明确的方向。我相信这些特质都是帮助她过去取得优异成绩的必不可少的因素，但是让一个正处于青春期的 14 岁孩子一直保持在这样的状态中，几乎耗尽了她所有的能量。在辅导当中，我鼓励小方可以在忙碌的日程中，为自己设定专门的休闲时间，可以是周末的半天，也可以是每天的一个小时，甚至是半个小时。这段时间专门用来娱乐和放松，在这段时间内，小方可以做一些让自己感到快乐的事情，这些都是补充能量的重要来源。

（二）无条件的自我接纳

小方现在每周都会请一天假放松自己，从表面上看她确实是在通过这样的方式接纳自己的情绪，允许自己休息。然而当她问出"到底得放松多久才够呢"这个问题时，就透露出她内心真实的想法：自己马上要成为一名初三的学生了，根本没有那么多的时间去放松，如果不逼自己快点好起来，情况只会更加糟糕。所以，小方一边在做着"接纳自己"的事情，一边要求自己必须在规定的时间内好起来。这样的想法只会让她与最初自我接纳的目标背道而驰。在辅导中，我鼓励小方要倾听自己内心的声音，了解自己的真实需求和感受，不要总是迎合他人的期待。比如，我建议她通过写日记的方式，记录自己每天的感受、想法和经历，用这种方式帮助自己识别出感到满意和不满意的事情。同时，我让她注意倾听身体发出的信号，当感到疲劳、紧张或不适时，这就是身体在提醒你需要休息或调整。同样重要的是，不要忽视或压抑自己的情绪。当某种情绪来临时，试着与它和平共处，并思考它产生的原因。

（三）寻找例外背后的资源

如果我们能从自己常态化的糟糕情境中找到例外，这就是为自己的改变增能迈出的第一步。小方说她每周必须请一天假，不然就要崩溃了。在辅导中，我引导小方看到事实的另一面，她每周还有四天坚持在校学习。

在这四天她正常到校的时间内，她的想法是什么，她做了哪些帮助自己克服困难的事情，又是如何坚持的，我鼓励她将这些成功的经验逐渐应用到她认为自己做不到的那些时间中。除此之外，这种正面的反馈也能够增强她的掌控感，让她更加相信自己的能力和价值。

辅导手记

扫描二维码
观看视频

（一）"高控制"家庭要小心

在心理咨询中，我经常会见到"高控制"的家长，他们对孩子的日常生活和学习有着严格的规划和要求。在他们的精心安排下，孩子几乎没有自由支配的时间，只能按照他们规划好的前进方向拼命奔跑。这虽然在一定程度上保证了孩子的学习进度，但同时也剥夺了孩子自我探索和成长的空间。

（二）放手试一试

俗话说"懒父母养出勤快孩子"，面对孩子的成长，家长可以采取逐步放手的策略，让孩子在安全框架内自主探索。在这个过程中，家长需要做的就是明确界限与期望，让孩子明白自主与自由的区别。家长可以从日常生活小事做起，鼓励孩子自主决策，如选择衣物、安排学习时间等。在此过程中，家长只需提供必要的指导和支持，教会孩子自我管理，如时间管理等。同时，家长要鼓励孩子独立思考和做决策，即使意见不同也要给予尊重。当孩子展现出自主行为时，家长应及时给予正面反馈，增强他们的自信心。最重要的是，家长要鼓励孩子分享自己的感受，以便及时给予支持和帮助。通过这一系列的逐步放手，孩子将更自信、自主地面对未来的挑战。

被困住的"小小鸟"

人物档案

姓名：小佳

性别：女

年级：初中二年级学生（14 岁）

关键词：厌学、同伴关系、自我成长

一、难道"我"的孩子也有心理问题了？

正在上班的小佳妈妈接到了班主任李老师的电话，说小佳要请假回家。这一个月以来，已经有好几次这样的情况了。小佳总是在上学期间跟班主任请假，班主任问她怎么了，她也是支支吾吾说不出什么原因。但看着小佳坚定地要回家的样子，班主任只能给家长打电话，先让小佳回家休息。

接完李老师的电话，小佳的妈妈放下手头的工作，迅速赶到学校。看着小佳没什么精神的样子，她也很着急，想着孩子应该是不舒服。可一回到家，小佳的状态明显好转了，吃着零食、哼着歌，不是看手机就是看课外书。小佳的妈妈仔细观察着她，越看越觉得奇怪，这也不像是生病的样子啊！于是，小佳的妈妈决定弄清楚是怎么回事。

"小佳，你过来，跟妈妈说说今天为什么要请假回家？是身体不舒服吗？"

小佳小声说道："没什么不舒服。"

妈妈急忙问："那为什么要请假？"

小佳一看妈妈着急了，说道："有点头疼，不严重。我就是不想在学校待着，我觉得难受……"

妈妈一听更着急了，在正常该上学的年纪说不想去学校，这可怎么办？之前也听说过现在有很多孩子厌学，不到校上课。难道自己的孩子也出现了类似的情况，也有心理问题了？

妈妈沉默了一会儿，说道："孩子，妈妈知道你学习压力大，想考个好成绩，你已经很努力了。成绩方面我们也没有太多要求，你就按时上学，不要总是请假回家，好不好？"

小佳看着妈妈点点头，说："好的，我以后不请假了。"

就这样相安无事地过了大约一周时间，直到班主任李老师的电话再次响起。小佳的妈妈一看电话，简直要崩溃了，她现在最怕接到李老师的电话，因为一定是孩子又要请假回家。

第二天，小佳的父母一起来到学校，找李老师了解情况。李老师看到小佳父母着急的样子，急忙安抚他们的情绪，并简单介绍了小佳平时在学校的表现。李老师对小佳的父母说："小佳在学校的表现一直不错，虽然成绩不突出，但是她很努力。然而，小佳最近看上去没什么精神，上课听讲注意力也不集中。课间和同学们交流也不多，经常自己在座位上坐着。我也了解过，她跟同学没有闹过矛盾。她来请假的时候，我看着她挺难受的样子，有几次都哭了。我问她原因，她也不说，是家里有什么事情吗？"

小佳的妈妈说："家里没发生什么事情，我们给她的压力也不大，她还有个弟弟，平时姐弟俩关系也不错。她一回到家就好好的，看不出有任何不舒服的地方。我也不知道她到底是怎么了，总是这样请假回家怎么行啊？真是急死了！"

李老师听完也觉得事情比较棘手，于是给小佳的父母建议道："要不先让孩子去跟学校的心理老师聊聊？"

小佳的父母表示同意，并给小佳预约了第二天的心理辅导。

二、我是一只"小小鸟"

第二天一早，小佳来到了心理辅导室。我对她的第一印象是语言流畅、表达清晰，而且有很强的表达意愿，我问的每一个问题她都有很多话想说，对于我说的话也非常认可，可以说是一个配合度非常高的来访者。

随着谈话的深入，我也了解到小佳更多的情况。

（一）"我"也想变优秀

通过谈话我了解到，小佳认为自己的成绩一般，但也一直尽自己所能在提高成绩。平时她比较喜欢学数学，因为数学老师经常表扬、鼓励她。她不喜欢语文和英语，因为觉得课文很难背，老师会在班里点名批评背不过课文的学生，这让小佳觉得很不舒服，很难接受。小佳表示自己想考高中，她觉得如果考不上高中会愧对父母对自己的期待。可她越是这样想，越是学不好。小佳有时候觉得自己很笨，怎么都学不会，害怕在小组内总是排到最后一名，也害怕看到老师和同学们的眼神，这会让小佳觉得他们都在嘲笑自己。这种感觉让她很难受，所以她不想待在学校，只想回家。

（二）没有人注意"我"

小佳跟我讲，她跟班里同学的关系都不好，可以说没有什么朋友。她平时也不喜欢跟女生一起玩，因为对她们讨论的话题都不感兴趣，自己也感到无法融入她们。小佳更喜欢跟男生相处，她觉得跟他们相处起来简单，没那么多顾忌。她的同桌就是男生，学习成绩很好，有不会的问题小佳都会请教他。小佳觉得自己平时在班里像个透明人，没有人在意她。小佳也很想有朋友，很想被看到、被关心，也希望得到别人的喜爱和欣赏。但是，她感到自己不管做什么都不被认可。慢慢地，她看不到希望，感到伤心。有时候这样的情绪会让她无法承受，一分钟都不想待在教室里，只想回家。

（三）"我"有一个梦想

小佳唱歌很好听，她也觉得自己有点天赋。她的理想是学音乐，将来自己写歌、唱歌。音乐可以给她带来快乐和放松，不开心的时候小佳就听歌、唱歌。小佳现在的想法就是考一个好高中，这样将来才能学习音乐，实现她的理想。

在这次交流的过程中，她几次落泪，我能感受到她内心的渴望和无助。在谈话开始时，她还是有所遮掩和回避，并不想在我面前表现出她的脆弱和痛苦。随着谈话的深入，我认真聆听她的讲述，努力去感受、去发现她的烦恼和困惑。心理辅导是一个双向的过程，我在她身上看到了勇敢和智慧。假如是我，我未必能有勇气走到一个陌生人面前倾诉自己的烦恼。所以，我告诉自己：我愿意陪伴她走过这一段历程，感受她的感受。

三、"小小鸟"为何受挫

小佳这些看似不是问题的问题深深困扰着她，让她在学校的每一刻都度日如年，十分痛苦。

（一）高自尊、低存在感以及能力不匹配导致的回避

小佳的内心也渴望得到别人的认可，获得别人的称赞，但是好像怎么努力也很难实现。由于在班级里经常背不过课文，回答不上问题，考试成绩不理想，她很少得到老师的积极评价。所以，小佳在学习方面的表现不够突出，在班级里存在感不高。在这种情况下，她的自尊不断受到打压，她开始对自己的能力、价值产生怀疑。这种自我怀疑慢慢侵蚀着她的自信心，为了避免再次遭受自尊的威胁，她采取回避行为，远离可能带来挑战的情境。所以她一再选择请假回家，远离学校这个"伤心地"。但是，这种回避行为会限制个人的成长和发展，降低适应能力。

（二）耐挫折能力差，内心不想长大

小佳的性格比较内向，从小在良好的家庭氛围中长大，可以说生活经历比较简单。她遇到的最大困难就是上初中后学业成绩的压力和紧张的人际关系，这些都是她从来没有遇到过的困难。她从小到大都会选择一种比较简单的方式来应对，就是逃避。遇到问题就绕过去，不去思考解决问题的方法，当问题大到绕不过去时，就想退回到家里。拒绝长大意味着停留在某种心理舒适区，始终依赖于过去熟悉的行为模式和思维方式。在我们的生活中，其实充满了各种变化和挑战，长大意味着能够灵活地适应这些变化，寻找解决问题的方法。采用回避的方式拒绝长大的人往往适应能力差，难以应对突发情况，可能会因为一次挫折就一蹶不振，无法承受失败的打击。

（三）心理发展停滞在较为幼稚的阶段

在辅导过程中，我逐渐发现了小佳情绪变化的规律：周一情绪异常低落，经常是眼神涣散，漫无目的，游荡在校园中。因为要面临整整一周的在校生活，心中充满绝望。这样的状态在周三会达到一个顶点，基本上会迎来一次大波动，哭着大喊"我要回家"。

看着她痛哭的样子，我仿佛看到了一个小朋友，在幼儿园门口哭着闹着要回家。在早期成长经历方面，她可能缺乏足够的挫折教育与自主探索的机会。父母的过度保护，使得她在面对困难时没有学会如何有效地应对，未能顺利发展出成熟的心理防御机制与解决问题的能力，依然沿用简单的应对模式来处理复杂的初中生活问题。

（四）缺乏人际交往的技巧

在跟同学的相处中，小佳不会主动地跟别人交流，总想等着别人来跟自己说话，对于别人谈论的话题自己也不知道该如何融入。她总感觉别人不理解自己，其实她也从来没有积极地尝试跟同学建立关系。我发现小佳有个特点，遇事总是指责别人，很少看到自己的问题。这些表现可能源于小佳内心十分脆弱。她在人际关系中表现得过于敏感、自卑，害怕被拒绝，不敢主动与他人交往，难以跟同学建立深厚的友谊。

综上所述，小佳现在遇到的困扰更多来自她内心当中有一个"小小的我"。那个"小小的我"缺乏自信，容易焦虑和恐惧，喜欢回避困难，总是依赖他人；难以与他人建立良好的关系，容易受到他人的影响。

怎样才能让这个"小小的我"长大呢？

四、让"小小鸟"学会飞翔

以爱为翼 安心前行

（一）我们一起来学习如何重塑信心

每次与小佳交流时，我都会用笔记下她的关键经历和感受，在适当的时候回顾给她听，让她知道自己的故事被重视，她的感受是有价值的。并且，我会分享一些类似经历者成功克服困难的案例，让她从中获得希望和力量，让她相信自己也能走出困境，实现心理赋能。帮小佳找到她喜欢和擅长的事，把音乐梦想和学习联系起来。比如，组织一些音乐活动，让小佳参与，同时让她知道学好文化课对实现音乐梦想很重要，从而让她找到明确的目标和方向。

（二）我们一起来学习如何接住情绪

小佳坐在我的对面，泪如雨下，完全不顾及她这个年龄的女生都极在意的形象管理。我静静地看着她，随时准备着为她递上一张新的抽纸，不一会儿，桌上就堆了一堆湿纸团。

我已经记不清这是她第几次崩溃了，面对她失控的情绪，我从开始的惊慌失措到现在的从容应对。我知道此时此刻我不能打断她，她现在的头脑中只有一件事，就是离开学校，回家。而且，只有在这儿，在学校的心理辅导室，她才能如此恣意地哭一场，把自己内心的冲突和挣扎释放出来。毕竟，能尽情地哭出来也是一种释然。

（三）我们一起来学习如何交朋友

针对小佳缺乏人际交往技巧的问题，我先从比较实用的小方法入手。首先，引导她学会倾听，在与同学交流时专注于他人的话语，这不仅能让她更好地理解话题内容，还能表现出对他人的尊重，从而为融入交流奠定基础。例如，在课间休息时，我鼓励她参与同学之间的讨论，并提醒她先认真倾听，再适时发表自己的观点。其次，教导她开启话题。我帮助她分析同学们的兴趣爱好，建议她从共同兴趣点入手，如热门电影、音乐、体育赛事等。比如，当发现同学们在讨论一部新上映的电影时，我鼓励她分享自己对该电影的独特看法或相关的有趣资讯。

（四）勇敢的"小鸟"迎接风雨、面对失败

我和小佳一起深入剖析了她在面对挫折时的情绪和反应，通过具体事

例让她明白挫折是成长路上的常态，失败并非终点。比如，在一次数学考试考得不理想后，我们一起分析错题原因，让她知道自己还有哪些知识点需要巩固，引导她认识到这是一次提升的机会，不要因此而泄气。

当她遇到困难时，我不会直接给她解决方案，而是帮助她全面分析问题，思考多种解决途径。例如，在面对英语背诵难题时，我帮助她制订背诵计划，将文章拆分成小段，逐步攻克。每当她取得一点小进步，如成功背诵一段课文，或者在面对挫折时表现出积极态度时，我都及时给予真诚的肯定和鼓励，让她在不断的正反馈中增强面对困难的信心和勇气。

（五）长出翅膀，"小小鸟"就长大了

我发现小佳经常因为想回家却不敢请假而痛苦，我们就这一话题展开了讨论。

我：如果你现在很难受，觉得坚持不下去，可以先回家调整一下。

小佳：不行，班主任说现在学习时间太紧了，不让随便请假。

我：那你可以坚持一下吗？坚持到下午放学。

小佳：可是我在学校待着很难受，我想回家。

我：你是不是在遇到问题的时候经常这样，不敢面对，选择逃避？

小佳：好像是的。我记得我上幼儿园的时候，也有过类似的情况，不想去也不敢说。现在我还是这样，但我真的很难受。

我：那我们是不是可以尝试迈出一小步，去面对它，试着说出自己的感受，勇敢地表达出来？有时面对问题唯一的出路就是向前，穿过它。

过了一会，她情绪恢复了平静，起身要离开。

我：你去哪里？

小佳：去找班主任请假！

逃避可能是她一贯选择的应对方式，对她来说也是一种防御和保护。只有当人们意识到自己有能力，且必须靠自己的能力去建构生活时，改变

才有可能发生。

小佳再次来找我时，跟我说了一个好消息："我回家跟我妈妈说了，她同意我每周可以在家里调整休息一天。我选择了周四，这样回来后就只剩一天了，比较容易度过，先苦后甜吧。"

"非常好！"

我感动于她脸上少有的轻松与满足，感动于她勇敢地表达了自己的感受，我知道这是一个好的开始。在此过程中，我引导她制作一个"成功日记"，每天记录下自己完成的哪怕很小的任务或取得的进步，比如成功记住了一个英语单词，主动和同学打了招呼等。每周我们一起回顾这些记录，让她直观地看到自己的成长和能力提升，不断强化她对自己的信心，赋予她主动改变的动力。

就这样循环往复地过了几个月，我们聊了很多话题：做自己、做自己喜欢的事、坚持自己的梦想……没有奇迹发生，她依然不喜欢来上学，每天数着毕业离校的日子过。但是她依然坚持到了在校的最后一天。离校前，她来跟我告别，虽然她嘴里说着"终于可以不用来上学了"，但我能感觉到她心中淡淡的不舍。我相信她现在有能力去面对自己的未来！

在升学考试中，她顺利地拿到两所高中的声乐专业录取通知书，但是因为文化课考试成绩受限，无缘目标学校。她告诉我她没考好，我正想着该如何安慰她。这时，手机上出现了她发给我的信息："老师，我仔细想了想，人生还是充满了希望。这次没考好，不能代表我能力不行，我考了四所学校的声乐专业，两所学校都通过了，虽然这次无缘心仪的学校，但是我还是可以唱歌，还是可以继续学习音乐。也许以后我还会面对比这更糟糕的事情，我要学会坦然面对。"

辅导手记

扫描二维码
观看视频

（一）每一个孩子都闪闪发光

很多家长更关心孩子的学习成绩，而忽略了孩子的天赋和真正喜欢的事情。所以，家长平常要留意孩子喜欢做什么，肯定孩子的兴趣爱好，给其提供充分的发展空间。当孩子取得进步时，家长要给予充分肯定；当孩子遇到困难时，家长要教孩子如何应对，逐步帮助孩子建立自信和自尊。

（二）每一个孩子都需要迎接风雨

当孩子遭遇挫折时，家长要保持冷静和积极的态度，不应过度指责孩子或在孩子面前表现出失望的情绪，而是与孩子一起分析原因，帮助孩子认识到失败是成长的机遇，鼓励孩子从失败中吸取经验教训。

家长要允许孩子在安全范围内犯错，不要过度保护。例如，孩子在参加学校活动时因经验不足而犯错，家长要鼓励他们勇于承担责任，并引导他们思考如何避免下次再犯同样的错误，从而提升孩子应对挫折的能力。

（三）每一个孩子都需要温暖和支持

家长应在家庭内部建立民主、平等的家庭沟通模式，让孩子感受到自己的意见被尊重。家庭讨论时，家长要鼓励孩子积极发言，培养他们的表达能力和沟通能力。例如，在讨论周末出游计划时，让孩子参与决策，表达自己的想法和喜好，增强孩子的参与感和自信心。

家长要关注孩子的情绪变化，及时给予情感支持。当孩子在学校与同学发生矛盾或感到被忽视时，家长要耐心倾听，给予安慰和建议，帮助孩子正确处理人际关系中的问题，让孩子感受到家庭的温暖和支持，从而更有勇气和信心去面对人际关系的挑战。

（四）家庭需要共同成长

孩子出现厌学、拒学的问题时，绝大多数家长不愿相信自己的孩子会出现这样的情况，也不理解为什么他们明明没有太多的要求，没有施加太大的压力，孩子怎么就变成了这样。家长会被这种焦虑笼罩，而这种情绪也会传递给孩子，使本来就痛苦迷茫的孩子更加无所适从。家长这时应该保持冷静，相信这只是孩子成长过程中的一个小插曲，学会倾听孩子的心声，做有效沟通，充分理解孩子，打开孩子表达的通道。家长与其不停抱怨，不如与孩子携手共度，把它当作一次亲子沟通的机会、共同成长的良机，耐心等待"小小鸟"张开翅膀，展翅翱翔。

改变——
实现自我超越，释放成长潜能

感情受挫的橙子

人物档案

姓名：橙子
性别：女
年级：初中一年级学生（13岁）
关键词：情感问题、情绪问题、亲子关系

一、感情受挫的橙子

在青春的画卷中，初一学生橙子如一朵清新的花朵悄然绽放。她有着大大的眼睛、卷翘的睫毛、白皙的皮肤和浓黑的头发，文静的模样甚是惹人喜爱。在班级里，橙子的学习成绩也较为出色，仿佛一颗闪耀的星星。

然而，青春的旅程并非总是一帆风顺的。最初，其他任课老师向班主任反映橙子在班里谈恋爱。班主任的批评如同一颗石子投入平静的湖面，泛起了层层涟漪。橙子选择逃避，待在家中不想去学校。班主任和心理老师得知后，心急如焚，连忙与橙子的家长联系。

随后，学校将橙子的父母请到学校，沟通了橙子的情况以及家长和学校需要做的工作。在大家的共同努力下，橙子的情况逐渐好转，在校状态一直不错。可平静的日子并未持续太久，有一天，班主任又找到心理老师，说橙子再次不来学校了。这次是因为她和所谓的"男朋友"分手了，分手是橙子提出的。她觉得"男朋友"不在乎她，玩游戏时顾不上和自己聊天，甚至有时候觉得对方很强势。分手后，橙子不愿看到"前男友"，也不想去学校，对学习失去了兴趣，只觉得烦和累。

在学校，一方面，橙子害怕老师在课堂上提问，担心考试成绩不理想，学业的压力如沉重的枷锁；另一方面，她害怕老师和同学提及和评价自己，人际关系也让她感到困扰。在家里，橙子不愿意学习，却热衷于化妆和做手工，还会参加一些社会实践活动。在家庭关系方面，橙子和妈妈比较亲近，和爸爸关系一般。她与前男友正是从互相吐槽自己的爸爸开始，逐渐建立起感情的。

父母看到橙子的这种情况，内心焦急万分，于是向班主任求助。班主任给我打来了电话，希望我能跟橙子聊聊。在青春的道路上，橙子正面临着重重挑战，幸运的是，橙子自己愿意来学校接受心理辅导，父母和老师也愿意帮橙子度过这个特殊阶段。

二、 亲子关系的双面审视

（一）橙子对父亲的印象

在青春的舞台上，橙子正经历着一场内心的波澜。她对爸爸怀着复杂的情感，在她眼中，爸爸似乎有许多不足之处，她瞧不上爸爸平时的种种表现，以至于在父母闹别扭时，她毫不犹豫地站在妈妈一边。家庭的氛围时而紧张，时而压抑，每当父母之间出现矛盾时，橙子的内心便开始不安。

而此时，橙子的生命中出现了一个特殊的人——她的"前男友"。"前男友"的家庭情况同样充满了伤痛，父母离异，有些相似的家庭遭遇让橙子找到了共鸣，两颗受伤的心灵相互靠近，惺惺相惜。橙子在家庭的矛盾和情感的纠葛中挣扎，她不知道该如何正确地看待父母之间的关系，也不知道自己的感情该何去何从。

橙子如约来到了心理辅导室，开启了我们之间的第一次对话。

我：你感觉最近怎么样？心情如何？

橙子：挺好的。

我：你在家里都做些什么？

橙子：看电影、织围巾、搭积木，有时还做点家务。

我：你最近和父母的关系怎么样？

橙子：还不错，能正常说话，但妈妈对我不上学这件事接受不了，急得生病了，最近和爸爸沟通得多了些。

我：嗯，妈妈是有些着急，爸爸看样子还能接受你的现状。

橙子：（点头）是的，所以我最近都和爸爸聊，和妈妈一说话就开始吵架。

我：那你下一步有什么想法吗？

橙子：我想跟着下一级再读一年，把我落下的功课补上，我感觉问题不大，因为许多内容我基本学完了。

我：那挺好，对你来说学习方面应该可以适应。这段时间你打算如何安排呢？

橙子：我想去摆摊，卖一些自己制作的手工艺品，或者在家里看看电影，休息休息。

我：我对你说的这些都非常感兴趣，特别是你自己的作品，我特别感兴趣，这说明你心灵手巧。还有件事情我想问你，等九月份你到了新的班级，班里的同学需要重新认识，在学校里也会碰上你之前的同学，这些你都做好准备了吗？

橙子：我觉得我可以应对，没什么太大的问题。

我：之前你说你很在乎老师和同学对你的评价，有时候害怕考不好老师会说你，等再开学遇到这类情况怎么办？

橙子：我觉得我会调整自己让自己适应和应对。我还可以找我的朋友倾诉，或者来您这里。

我：听你这么说我感觉很开心，对你现在的情况也比较放心，回去以后好好安排自己最近的生活，调整好状态，等下个星期你来我这里的时候，和我说一下你这一个星期过得怎么样，可以吗？

橙子：可以，那我下个星期再过来。

我：好的，期待听你讲摆摊的情况。

（二）橙子的改变

之后在家的日子里，橙子有了更多的时间去思考和沉淀。在后续我和她的交流过程中，她述说着她摆摊的体验和感受，她在摆摊的过程中锻炼了自己，有时候为了把东西卖出去，会想尽办法和别人沟通，在这期间也体会到了生活的不容易。她的爸爸会在中午到摊位找她，并经常找一些好吃的饭店带她一起去品尝美味，这期间她与父母之间的关系也缓和了，她逐渐放下了心中的负担，心情也慢慢好了起来。在这个过程中，她与爸爸的关系悄然发生了变化。曾经，她对爸爸有诸多不满，如今，父女之间的关系越来越好。

橙子的妈妈之前一直为橙子的情况担忧不已，看到橙子的状态逐渐好转，妈妈的焦虑也随之减轻。一家人经过深思熟虑，决定让橙子休学一学期。这个决定虽然艰难，但他们一家对新学期充满了期待，仿佛看到了新的希望。

三、从关系及自我成长的角度来看橙子

（一）父亲角色的缺失是橙子感情受挫的根本原因

橙子的爸爸在橙子小时候经常出差，所以和橙子的关系一般。我之前和橙子父母交流的时候，橙子的爸爸也谈到，和女儿沟通得较少，也不知

道如何沟通，有时候感觉说什么都不对。而反观橙子和"前男友"的相处，橙子对"前男友"的要求特别高，需要高质量的陪伴，线上聊天的时候如果"前男友"一边玩游戏一边聊天，她就会生气，要求"前男友"全身心投入。从橙子谈恋爱的情况分析，她的这段关系其实是她需要爸爸的一种表现，她需要一个"好爸爸的替代者"来陪伴她，因为这些需求她在自己的爸爸身上没有得到满足。

（二） 橙子不愿来学校是因为对前男友厌恶的泛化

有句话叫"爱屋及乌"，但橙子与"前男友"分手后则变成了"恨屋及乌"，因为讨厌"前男友"，进而连班级也讨厌。而且橙子又是一个高敏感的孩子，她心里承受着巨大的压力：一方面是学业的压力，上课害怕老师提问，害怕考试成绩不理想；另一方面是人际关系的压力，担心老师和同学提及和评价自己。面对这些压力，橙子不知道该如何处理，所以就采取回避的方式，不想来学校。

（三） 橙子的自我同一性发育延缓

自我同一性发育延缓的表现是高探索和低承诺，我们可以发现橙子对学习没有非常明确的目标，但特别爱玩，这也体现了她高探索、低承诺的特点。这种类型的人在现实生活中希望找到引导他们生活的目标和价值观，他们虽积极地探索各种选择，但没有对特定的目标、价值观和意识形态等做出有意识的投入。这类个体的人格特征表现为：较为敏感，情绪波动大，能积极探索，有追求，但容易不切实际、好高骛远，因而容易产生挫败感。

虽然橙子之前的成绩挺好，但自我意识建立得并不完善，我曾经问过橙子学习的意义和她对以后的想法，她表示"不知道"，所以她的内在驱动力也弱。她并不愿意在学习上下很多功夫，因为高自尊又高敏感，所以既担心成绩，又不愿意面对失败。

四、改变从关系开始

（一）从亲子关系的切口入手

我通过与橙子的父母交流，渐渐了解了橙子的家庭情况，我建议橙子的爸爸可以多陪橙子聊天、一起出游等。橙子的爸爸听从了我的建议，这才有了亲子关系的逐步好转。橙子的爸爸也从家长及男性的角度给予橙子力量和包容，从而让她有勇气做出下一步的决定。

（二）爸爸对孩子成长的重要性

橙子的故事告诉我们，爸爸的缺位有时候不仅影响孩子的学习，也会影响孩子的感情和生活。爸爸的爱就像山一样，支撑孩子的信念，给予孩子力量，使他们学会决断。爸爸身上的一些特质，如勇敢、坚强、果断等，有利于培养孩子刚毅的性格，刚柔相济才是健全的人格。所以希望生活中的爸爸们，对孩子多一些高质量的陪伴，多一些心灵的沟通，有时候爸爸的力量和决策是妈妈给不了的，爸爸的特质和胆量也是许多妈妈身上不具备的。

（三）　从家庭教育方面给予指导

因为橙子不到校，所以我会经常打电话和橙子的父母沟通，了解橙子的情况，然后从家庭教育指导方面给予帮助。比如让橙子的妈妈适当"退位"，让橙子的爸爸多参与橙子的生活，平时多和橙子聊聊天，增加一些亲子活动。橙子的爸爸也做得很好，他经常带着橙子出去吃好吃的，也会陪橙子散步，父女关系有了一定的改善，橙子的心情也好了许多。

（四）　拓展沟通渠道

我发现，有些学生线上聊天比线下聊天更愿意吐露心声，橙子也一样，在跟我线上聊天的时候，她的话更多，更愿意表达。

我也从这些渠道更加了解橙子，橙子有时候也把我当成了网上的一个朋友，愿意和我多说两句。我们的关系贴近后，橙子来到心理辅导室进行心理辅导时，也会更快地进入主题。下学期开学后，橙子顺利地复学了，因为我给橙子她们班上心理课，在课堂上我又见到了那个活泼开朗的橙子，在小组讨论中积极参与，上课也愿意主动回答问题，她很快就结交了新的好朋友，成绩也恢复到之前的状态。我和橙子的父母也进行了沟通，橙子的爸爸说橙子和自己的关系好了很多，自己也在积极改变。

辅导手记

扫描二维码
观看视频

（一）先处理关系，再处理问题

　　许多问题的解决都需要从关系入手，因为人是群居动物，本身就需要在关系中生活，也需要从关系中寻找力量和资源。而在聚焦资源上，每个人都具有独特的资源和潜力，我帮助来访者发现和利用这些资源来解决问题。

　　在这个过程中，我鼓励来访者作为自身问题的专家，运用其自身的资源去解决问题。其实无论是心理老师还是来访者，双方都需要积极地参与和合作，这样才能有效地解决问题，帮助当事人看到更多的可能性，从而实现改变。

（二）高质量的陪伴和无条件的爱是法宝

　　对于孩子来说，高质量的陪伴和无条件的爱永远是制胜的法宝。许多家长对孩子都是有条件的爱，所以就给了孩子一个错误的认知：爸爸妈妈只喜欢那个优秀的我，取得好成绩的我，如果我达不到爸爸妈妈的要求，他们就不喜欢我了。

　　另外，父母很多时候的陪伴也不是高质量的，有的时候和孩子待一天也说不上几句话，孩子玩孩子的，父母忙父母的，这种陪伴质量很低。父母和孩子之间的沟通往往需要高质量的陪伴，做好这些，亲子关系会更上一层楼。

照亮乐喜前行的路

人物档案

　　姓名：乐喜
　　性别：男
　　年级：初中一年级学生（13岁）
　　关键词：欺凌行为、情绪调节

一、缄默背后的波澜

　　心理课上，同学们正热烈地投入小组讨论，突然，一阵不合时宜的笑声打破了这份宁静。我循声望去，那笑声中似乎夹杂着几分不寻常的意味。我缓缓走近发出笑声的同学，轻声提醒他们遵守课堂纪律，专心探讨问题。他们虽有所收敛，但我深知其中必有隐情。

　　到该小组分享时，一句关于假期品尝烤鱿鱼的提议，竟引得全班哄堂大笑。那一刻，我敏锐地捕捉到了这笑声背后的不寻常。我暂停了讨论，严肃地说："首先，我们的心理课堂建立在相互尊重之上，此刻的哄笑，我虽不明其因，却深知它违背了尊重的原则，更不符合我们作为优秀班级成员应有的风范。其次，我确信这笑声背后藏着对某位同学的不当指向，这是对个人的不尊重与失礼，一旦造成伤害，便是不可忽视的欺凌行为。"教室里顿时陷入寂静，该小组的几位同学羞愧地低下了头。

　　临近下课，我注意到角落里的乐喜同学始终低着头，显得格外落寞。下课后，我来到他桌前轻声询问，只见他眼眶泛红，却只是轻轻摇头，什么也没说，这反常的沉默让我心生忧虑。乐喜一向开朗，与同学们相处融洽，他的沉默让我更加不安。我轻声地告诉他："我只是有些担心你，如果你有想说的，可以随时过来找我！"

过了几天，班主任陈老师找到我，说班里有个同学的妈妈打来电话，她发现近期孩子的情绪很低落，说话越来越少，在家几乎都不开口说话，而且这两天连床也不想起，不想上学了。这个同学的妈妈很着急，问孩子发生了什么事，孩子什么也不说，所以班主任想让我跟这个同学聊一聊。我似乎早有预感，那位陷入沉默的同学正是乐喜。我不禁思考，是什么让乐喜变成如今这般缄默不语的状态？是那次课堂上的哄笑，还是其他不为人知的原因？

二、背后的真相逐渐浮出水面

正当我不知道如何约谈乐喜的时候，他主动走进了心理辅导室。鉴于他的情况，我率先开口，真诚地表明我的立场，解释清楚保密性原则和保密例外，然后把话语权交给了他。

（一）　"我"很受伤

乐喜：（声音低沉且发抖）艾老师，您真的能保密吗？

我：当然，如果口头保密协议不清楚，我这有一份书面保密协议，你愿意签吗？

乐喜：不用了，艾老师，我相信你。

我长舒了一口气，他总算开口了，这是非常好的开始。

乐喜：（欲言又止）我也不知道说什么，我最近心情不好，这样的情况有两个月了。

我：你能告诉我为什么心情不好？这两个月发生了什么事吗？

乐喜：（再次欲言又止）老师，这件事情我不太想说……我有几个朋友，他们骗了我好多次，这还是上个学期的事，他们跟很多人都说过这件事。

说到这里，他的声音控制不住地哽咽颤抖起来，开始轻轻抽泣，最后变成了痛哭流涕。

原来，乐喜的几个同学恶作剧，以女生的名义和他聊天，还把聊天记录打印出来，给班里的其他同学看，大家就都知道了这件事。上次心理课上提到的"烤鱿鱼"，就是聊天记录里的一个梗。这件事不光本班同学知道，其他班的好多同学也都知道。而且，乐喜的几个同学还给他起了难听的外号。

（二）　"我"想这事儿快点过去

乐喜：（声音颤抖）一开始，我也和他们一起笑，想让这件事情快点过去，不想让他们再关注这件事。可没想到，这学期开学后，他们还是这样，我不知道该怎么办了。

我：乐喜，你真的很坚强，独自承受了这么多。面对这样的困境，你能坚持到现在，真的很不容易。你提到的外号问题，确实是一个需要重视和解决的问题。外号有时候可能只是玩笑，但如果它伤害到了别人，就不再是简单的玩笑，这涉及班级管理和欺凌问题。我们既要商量应对这个问题，也要与你的班主任沟通这个问题，从班级的角度解决这个问题。

乐喜：好的，谢谢艾老师。陈老师早就知道他们给我起外号，陈老师也批评过他们，可是只是一会儿管用，很快就不管用了。我没有跟爸妈说，他们的工作太忙了，很晚才回家，我不想让他们担心我。

我：我能深深地体会到在应对这件事情上，你感到特别无力和无助，因为不想让父母担心，你独自承担压力。你知道吗？有时候，把问题说出来，寻求帮助，也是一种勇气和力量的体现。你并不孤单，也不应该一个人承受这些，你今天做得就很好，把心里的苦闷都说了出来，说出来后有没有感觉好受了一些？

乐喜：是的，谢谢艾老师，我特别信任你，心里好受一些了。但是，我真的不知道该怎么解决这件事情，也不知道这件事情什么时候能结束。

（三）破碎的信任

乐喜：我真的很困惑，他们明明是我的朋友，我们平时也总是一起玩闹。

我：从表面上看，你们确实是关系不错的同学，你也一直把他们当作朋友。那现在，这些所谓的朋友给你带来了什么样的感受呢？

乐喜：我……我也说不清楚，我想不明白他们为什么这样对我！

我：他们的行为确实让你难以接受，甚至开始让你质疑，他们是否真的配得上"朋友"这个称呼。

乐喜：对，我就是这种感觉。

我：那么，你现在静下心来想想，你觉得他们真的是你的朋友吗？

乐喜：我……我不太清楚。

那些曾经以友情为幌子，却在背后对乐喜进行恶作剧的同学，不仅给他起了带有侮辱性的外号，还通过传播聊天记录的方式，让他在同学面前丢尽了颜面。这一切，都让正处于青春期的乐喜对友情、信任产生了深深的怀疑，他不知道为什么会发生这样的事情，也不知道自己错在了哪里，要受到这样的对待，最终只能选择沉默以对。

三、缄默的心声

乐喜所遭遇的，是一种极容易被忽视且难以识别的校园欺凌形式。这种欺凌并非直接的肢体冲突或言语侮辱，而是通过恶作剧、传播聊天记录等方式，在同学间传播不实信息。这种隐形的欺凌方式，往往让受害者难以察觉，有时连周围的同学也难以识别。乐喜正是在这种不知不觉中，逐渐陷入了被欺凌的困境。

（一）　"无声"是受到伤害后的呐喊

长期地遭遇欺凌，对乐喜的心理造成了巨大的创伤。乐喜的内心世界逐渐封闭，他开始怀疑自己的判断力与人际交往能力，甚至对校园生活产生了恐惧与抵触，内心备受煎熬。他变得沉默寡言，不再愿意与同学交流，甚至对曾经的朋友也产生了疏离感。这种缄默，并非乐喜的自愿选择，而是他内心深处无声的呐喊与抗争。他试图通过这种方式，保护自己的自尊心与脆弱的心灵，避免再次受到伤害。然而，这种沉默也让他陷入了更加孤独的境地，加剧了他的心理创伤。

（二）　社交形象的崩塌让乐喜自尊心受损

青春期是青少年"自我同一性"形成的关键时期，他人的评价对青少年自尊心的形成有重要的影响。乐喜的事件在同学中传播，这让他的自尊心受到了极大的打击。他感到自己成为众人嘲笑的对象，无法再像以前那样自信地面对同学与老师。为了保护自己的自尊心，避免再次受到伤害，乐喜选择了沉默。而他也陷入了深深的自我怀疑中，急需找到一种方式来重新树立自己的形象，重拾那份久违的自信与骄傲。

（三）　友情信任的破碎让他陷入认知困境

乐喜正被友情信任的崩塌所困扰，眼前的经历让他陷入了深深的矛盾中。他开始质疑，那些他曾经视为挚友的人，是否是真正的朋友。为了修复关系，他尝试以妥协和退让的方式换取和平与关注。但乐喜并未意识到，自己已深陷错误的认知漩涡，那些给他带来伤害的人，早已失去了朋友的身份。这场持续的欺凌已悄然改变了他，使他失去了应对的能力。

（四）　独自承受压力的身体已经摇摇欲坠

乐喜选择了沉默，独自承受这件事情带来的所有压力，将这份迷茫与困惑深埋心底。然而，这种沉默并非真正的解脱，而是面对困境时的一种逃避。乐喜的父母虽然工作忙碌，但始终是他最坚实的后盾。然而，他不忍心让父母为自己担心，不愿将这份伤痛带回家中。老师虽多次批评那些嘲笑他的同学，但起到的效果却微乎其微，这进一步加深了乐喜内心的孤独与无助。他仿佛被困在一个无尽的循环中，无法逃脱，也无法自救。

四、四步照亮乐喜前行

在认知的迷雾中，乐喜失去了方向，他急需一束光，指引他走出迷雾，重拾自我。这束光，或许来自他人的理解与帮助，或许来自内心深处的觉醒与成长。唯有如此，他才能重新找回前行的力量，走出困境，迎接新生。这让我想到了汇心情绪卡，或许它可以成为这束光。

（一） 为内心的情绪命名——我可以感受自己

我：乐喜，我这里有一套自己制作的情绪卡片，现在用它来帮助你更好地表达内心，好吗？一想到这件事情，你有什么感觉？请把所有能表达你情绪的卡片挑选出来。

他很快就从众多卡片中选出了 4 张卡片（如图 1、图 2、图 3、图 4 所示）。并把每张卡片放在情绪感受温度计[①]上，对应的分值为：2 分、4 分、6 分,8 分。他慢慢讲述着这 4 张图片背后的情绪：图 1 代表自己非常失落，图 2 代表自己被大家孤立，图 3 代表自己特别愤怒，图 4 代表自己内心很沮丧、很委屈。在讲述的过程中，刚开始他的声音有些颤抖，但随着情绪的涌出，他的声音越来越平稳。当我一一揭开这四张卡片背后的情绪词语时，他使劲点头表示赞同。"微不足道""孤立""生气"和"疏离"这几张情绪卡片，把他积压在内心的情绪准确、具体地表达了出来。

图 1　微不足道　　　　图 2　孤立　　　　　图 3　生气　　　　　图 4　疏离

[①] 情绪感受温度计：心理辅导中常用的分级评定，在这里指情绪的强烈程度，0 分最低，10 分最高。

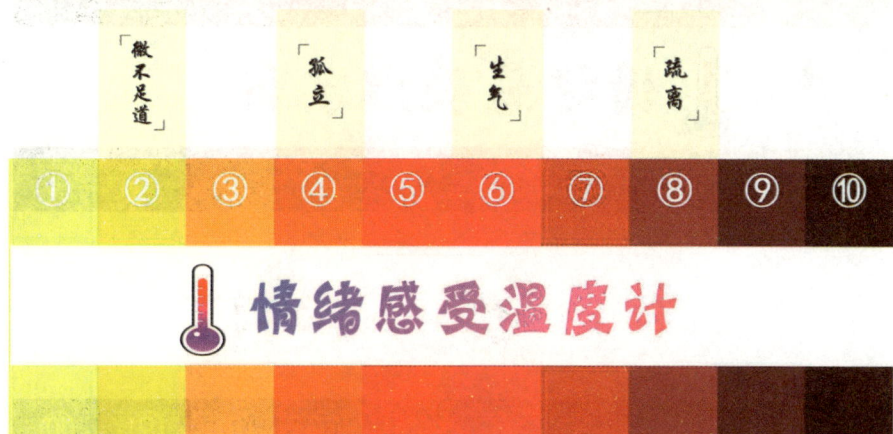

（二） 探索眼里的光——我可以看见我自己

后续我和乐喜又谈了几次话，每一次我都使用汇心情绪卡探索乐喜的情绪感受，一步步地走进乐喜的内心世界，发现他眼中微弱的光。

最后一次谈话时，乐喜选择了两张卡片（如图5、图6所示），并分别把它们放在情

图5 平和

图6 充满创意

绪感受温度计上 5 分和 8 分的位置。他说图 5 代表他用平和理智的心态看待这件事情，不再生气，不再被孤立；图 6 指他可以有很多朋友，可以更好地学习和生活，时刻充满了活力。当我翻开这两张情绪卡片背后的情绪词语，"平和"和"充满创意"呈现在他眼前时，我在他的眼里看到了光。

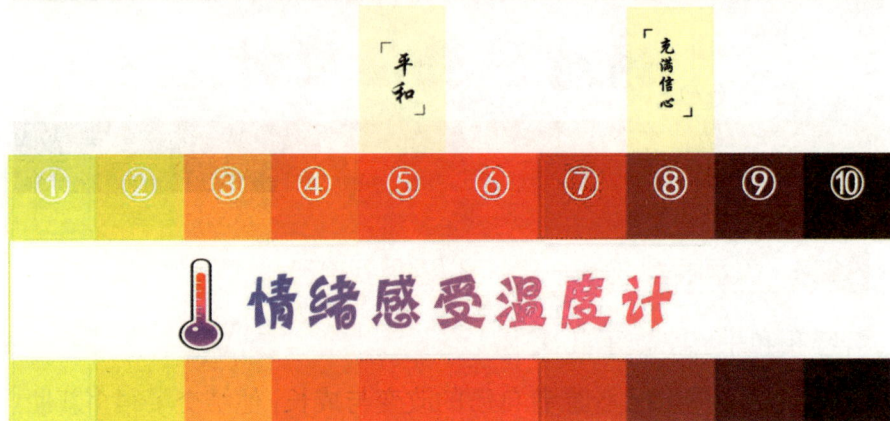

（三） 寻找方法——我可以帮助我自己

当光照进乐喜眼睛的时候，他用很有力的声音问我："艾老师，我到底该怎么办呢？"这是他发自内心的声音，时机已经到了。接下来我引导乐喜进行角色扮演，试着体会身边人的态度，进而帮助他找到问题的答案。首先，他尝试扮演了他最要好的朋友诚诚。

我：对于乐喜现在遇到的问题，你都非常清楚，现在乐喜陷入了迷茫，不知道该怎么办。作为他的好朋友，你怎么看他？

"诚诚"：他其实挺好的，有好多好朋友，学习也比我好。还有他知识非常丰富，知道得比较多；学习能力也强，学习好像对他来说很轻松。

我：他有那么多优点，真厉害啊，这些他都知道吗？

"诚诚"：有些我没跟他说过。

我：原来他自己都不知道自己有那么多的优点啊！他不仅对自己不够了解，还老觉得自己在人际交往上遇到了困难，你觉得他该如何利用自己的优势呢？

"诚诚"：他可以利用自己的优势让他与同学之间的关系变得更融洽。我想跟他说"行路难，行路难，多歧路，今安在？长风破浪会有时，直挂云帆济沧海。"

他对角色的投入超乎我的预期，对话后他对我说："艾老师，我觉得我必须得去面对，我觉得我可以！"此时，他再一次流下眼泪，他说此刻他心里豁然开朗了。

（四）情绪再现——我可以改变我自己

再一次见面时，笑容又重新回到乐喜脸上。"真的谢谢您，艾老师。""这得谢谢你对我的信任，你更应该谢谢你自己，都是你主动在改变，你做得好。"乐喜跟我分享着自己的改变与成长，他结交了很多新朋友，不再觉得自己被孤立，也愿意与父母多交流，变得更有自信了。当我再一次拿出他曾经选过的汇心情绪卡时，他一下子就挑选出了他第一次选的 4 张卡片：微不足道、孤立、生气、疏离。再次评分时，他把这 4 张卡片分别放在了情绪感受温度计的 2 分、2 分、2 分和 3 分的位置。

校园欺凌不仅给学生带来身心上的伤害，更可能成为学生厌学、拒学的诱因。乐喜的经历就是一个生动的例子，欺凌让他感到孤立无援，

| ① | ② | ③ | ④ | ⑤ | ⑥ | ⑦ | ⑧ | ⑨ | ⑩ |

🌡 情绪感受温度计

「孤立」

「生气」　「疏离」

| ① | ② | ③ | ④ | ⑤ | ⑥ | ⑦ | ⑧ | ⑨ | ⑩ |

🌡 情绪感受温度计

「微不足道」

也对朋友之间的友谊产生了怀疑，因此产生厌学、拒学情绪。在辅导过程中，我虽然未直接提及是否来上学或为何不跟父母说自己被欺凌的话题，但乐喜的情绪好转和积极变化却自然而然地带动了他的改变。他开始来学校上课，与父母和老师的沟通也逐渐恢复正常。

这期间，我们也深刻地意识到了校园欺凌的严峻性。在乐喜的情绪稳定后，我及时与他的班主任进行沟通。学校联系双方家长共同出面，对欺凌乐喜的同学进行了严肃的告诫谈话，让他们意识到自己的错误行为对乐喜造成的伤害，并引导他们学会尊重他人，学会约束自己的行为，如以后再有类似的行为必将从严处理。学校也立即启动了"预防校园欺凌"方案，在全校范围内开展防欺凌主题的教育与宣传活动，这对乐喜来说也是一种支持。

看着乐喜一步步走出困境，重获新生，我十分开心。我知道，这份成长和改变不仅仅来自他人的理解与帮助，更来自他内心深处的觉醒。而他在迷茫的时候需要一束光，指引他找到前行的方向，而看到自己的情绪，就是找到光的工具。

辅导手记

扫描二维码
观看视频

如果孩子因人际困扰而不愿上学，家长务必迅速采取行动，以免问题恶化，形成恶性循环。

（一）倾听与理解孩子的心声。

找一个宁静的环境，让孩子无拘无束地倾诉他们在学校里遇到的困扰和内心的感受。家长不要打断孩子的叙述，不要过早地做出评判，而是全心全意地倾听。对于表达能力尚不成熟的孩子，家长可以通过游戏等寓教于乐的方式，引导他们更好地表达内心的想法。

（二）明确问题类型并评估。

待孩子情绪稳定后，与孩子一同深入分析问题的根源，家长需客观地评估问题的严重程度及对孩子造成的影响。对于较为普遍的问题，家长可以与孩子一起寻找解决方案；若问题性质严重，则需及时与老师沟通，或寻求其他外部力量的协助。

（三）陪伴孩子渡过难关。

孩子的情绪恢复需要一个缓冲期，在这个阶段，家长应给予孩子更多的陪伴，帮助他们转移注意力，调节情绪，走出情绪低谷。同时，家长要教会孩子如何正确处理与同学的关系，让他们学会在人际交往中成长。

（四）家校携手，共同助力孩子成长。

在解决问题的过程中，家长可以随时与老师保持联系，争取老师的支持与协助。更重要的是，要让孩子在学校中获得积极的情绪体验，学会与同伴建立良好的关系。

特别说明的是，所有的沟通都是建立在信任的基础上，好的亲子关系才是帮助孩子应对所有困难的关键因素。

"小蜗牛"的破壳之旅

人物档案

姓名：小伦

性别：男

年级：初中二年级学生（14岁）

关键词：躯体症状、情绪问题、家庭教育

一、焦灼无助的母亲

班主任王老师打电话给小伦的妈妈，说小伦发烧到38.3℃，这让小伦妈妈的心再次紧张起来，忧虑与不安一下子涌上心头。寒假里小伦一直都没事，看似已无大碍，可没想到开学才第二周，发烧的魔咒便再次降临，这已经是小伦第三次因为发烧请假了。前两次发烧的时候，小伦的妈妈带小伦做了详细的检查，检查结果显示除了轻度胃炎外，并没有其他问题。小伦的妈妈带小伦回家休息，结果到下午就退烧了，让这个情况显得更加扑朔迷离。

小伦的妈妈带小伦再次来到医院检查，检查完还是没啥问题。小伦的妈妈又急又气，问医生："他到底是怎么回事啊？我真是愁死了，他发烧好几次了，检查又没事。是不是装的啊？"医生建议说："要不你们去心理科看看吧，也可能是心理问题。"这让小伦的妈妈陷入了深深的焦虑与无助之中。

小伦的妈妈这才想起，小伦之前也说过不想去上学，可谁都没当回事。小伦的妈妈实在想不明白，父母和老师都没给过他学习的压力，他和同学相处得也挺好，家里条件也不错，能有什么心理问题？

王老师心里也很疑惑，每次给小伦量体温都显示发烧，看起来不像装的。上学期，班里同学就已经开始议论小伦，有的同学很羡慕他，因为他一发烧就回家休息，不用上学了；有的同学认为他怎么可能总是发烧，肯定是装的；也有的同学直接说他心理有病。王老师也学习过心理学，知道有些心理问题可能会带来身体的不适反应，但也不确定，所以给我打来了电话，征求意见。

当王老师讲述完小伦的事情后，我心里一沉，有种不好的预感，建议小伦先按照医生的建议，直接去心理门诊挂号咨询，然后根据检查结果再及时沟通。第二天，王老师转达给我小伦的检查结果：抑郁症、强迫症发作，已经服药治疗。小伦的爸妈陷入惶恐之中，满心疑惑，焦虑不安，迫切地帮小伦预约了第二天学校的心理辅导。

二、壳下的挣扎："小蜗牛"的心灵独白

第一次会面，小伦和爸爸妈妈一起来到心理辅导中心，我邀请他们坐下来。小伦有些拘谨，他的父母满眼期盼地看着我，我做了简单的自我介绍，并询问他们的想法："我们一起聊一聊？还是小伦愿意单独和我聊一聊？"小伦的父母不约而同地说："老师，让小伦和您单独聊吧！"我把目光转向小伦，真诚地说："你可以根据自己的想法做出决定。"小伦看了看我的眼睛，然后缓缓点了点头。

小伦的声音低沉而缓慢，每一个字都像是经过深思熟虑后说出来的。我有种莫名的感觉，他就像一只小蜗牛，缓慢而谨慎。他几乎不主动发起话题，我们之间以一种"我问他答"的模式进行交流。随着对话的深入，我对小伦的成长过程、上学状态和发烧困境有了基本的了解，逐渐窥见他的"壳"下包裹的柔软内心。

（一）　"我"一个人长大

小伦自幼在东北的姥姥家长大，家庭条件相对较好，直至初一才被接回父母身边，开始了新的学习生活。因为学籍问题没有解决，小伦在被接回父母身边两年后才开始进入学校上学，年龄要比同班同学大两岁。小伦从小对父母的印象不深，身边只有姥姥和姥爷，由于姥姥、姥爷年纪大了，他们只能照顾小伦的日常生活起居。小伦觉得自己像一个人长大的，与父母在一起的时间很少。

（二）　"我"不喜欢上学

我：走进学校的那一刻，你的心情怎么样？

小伦：（声音低沉）还好。

我：嗯，如果让你给今天上学的感受打个分数，0分最低，代表心情极差，10分最高，代表心情非常好，你打几分？

小伦：5分吧，不好也不坏。（犹豫了一下）我并不喜欢上学。

我：你能真实地说出自己的想法，你做得很好。如果还是用0~10分打分，你喜欢来上学的程度有几分？

小伦：2分吧！

我：能具体说说为什么不喜欢？

小伦：我觉得一来学校心情就很烦躁，觉得在学校待着很没意思。小学五年级时我就不想上学了，虽然还是来上学了，但学习的状态很松懈，不如以前好了。现在我每周来学校大概三天，今天是这周我来的第一天。我只要一来上学身体就不舒服，会耳鸣、头晕、恶心，还会头疼。

我：我听你们老师说了，你有时候来了还会发烧，你当时有什么感觉？你是怎么想的？

小伦：我也不知道为什么，我一来学校就容易发烧、头疼，很难受，很烦躁，就想回家。我最高兴的事，就是听到放学铃声。有时候早上起来的时候心情很好，可一到出门的时候就是不想来。我也不想给家里添麻烦，可我也改变不了什么。

我：父母和老师有没有给你学习上的压力？你在班里和同学的关系怎么样？

小伦：父母和老师并没有给我太大的压力，都是我自己给自己的压力太大。上个学期期末的成绩掉到了班级第30多名，让我很有挫败感，感觉自己做得很不好，觉得自己很差。我也不喜欢和同学聊天、相处，就喜欢一个人待着。我不来上学的时候什么都不想做，只想一个人待着。

聊到这里，他的话逐渐多了起来，我认真听着，一只缩进壳里的"小蜗牛"越来越具象化。

（三） "我"不想让他们失望

我：看起来上学这件事给你带来很大困扰，让你身心俱疲。但你仍然坚持每周到校三天，这背后一定有某种力量在支撑着你。你觉得是什么呢？

小伦：（低头）对父母的愧疚感，我觉得我不想来上学这个想法，就很对不起父母。

我：你能再具体说说吗？

小伦：我妈妈平时陪我比较多，爸爸陪得少，我很少和他们一起。他们其实对我的学习也没有要求，但是我觉得自己做得不好，特别对不起他们。

我：看来父母在你心里非常重要，你最害怕什么地方让他们失望？

小伦：（深深叹了一口气，不停地搓自己的手指）很多……

我静静等着，等着他把这一刻的压抑情绪抒发出来。

小伦：我成绩不好，觉得自己很差，我爸妈工作都很成功，我觉得很愧疚。他们不给我压力，我更得做好，可总是做不好。现在我还不想上学，更觉得对不起他们了。

说到这里，小伦的眼泪已经在眼眶里打转，而他却极力控制着自己的情绪，想继续蜷缩在"壳"里，不想被关注，害怕被看到。

我：谢谢你的坦诚，让我走近了你，我似乎也感受到了你心里的烦躁、焦虑、纠结、害怕与深深的内疚感，这的确让人很难受，很无助。

这时候最好的共情，就是把我感受到的真实情感反馈给他，帮助他"照见"自己。

小伦的眼泪夺眶而出。

三、壳下迷思：解码"小蜗牛"的拒学之谜

我一直在思考，到底是什么导致小伦出现拒学的问题？一直到此刻，我才慢慢梳理清楚，透过重重表象，窥见"小蜗牛"深深隐藏在心底的表达与需求。

（一）发烧是心理问题亮起的"红灯"

我特别心疼小伦，他出现的一系列身体上的症状，是他长期忍受心理煎熬后的无力"呐喊"。小伦的发烧、头疼等这些看似生理上的不适，实则是他心理压力巨大、情绪压抑的直观反映。这些症状不仅让他的身体承受了无端的痛苦，更成为他逃避现实、回避上学的一种合理借口。每当面临上学的压力，这些症状便如约而至，成为他内心深处对学习环境抗拒的具象化表现。

（二）不上学带来的好处导致拒学行为被强化

小伦在享受因生病而获得的"特权"时，也在无形中形成了一个循环。家人和老师的额外关怀、家庭重聚和学习任务的暂时减轻，这些不上学带

来的好处形成一种无意识的想法：保持生病的状态似乎比面对学校的挑战更为舒适。这种心理暂时的满足进一步削弱了他解决问题的动力，使得他并不急于解决发烧问题，而是选择了一种更为安逸的逃避方式。

（三） 逃避行为是"小蜗牛"面对压力的一种应对方式

面对来自学业、社交和家庭的多重压力，小伦采取了逃避的方式。他的逃避行为不仅仅是讨厌上学，更是对一切可能引发不适情境的本能反应。他缩进自己的"壳"中，试图隔绝外界的一切干扰，以此获得一种暂时的安全感。然而，这种逃避行为虽然能在短期内给他带来心理上的慰藉，但是只能暂时缓解他内心的压力，无法解决根本问题。

（四） "理想的我"和现实的落差给"小蜗牛"带来巨大的心理冲突

在小伦的内心深处存在着一个理想中的自我形象，"理想的我"成绩优秀、内心坚定，符合父母的期待。然而，现实与理想的巨大落差让他感到无比沮丧，甚至陷入深深的内疚之中。每一次的失败，甚至是同学们无意的比较，都像是一把把锋利的刀，切割着他脆弱的自尊。这种内心的冲突和挣扎，让他更加难以面对学校的挑战，也让他更加坚定地选择了逃避。

读到这里，你是否也更加深入地了解到小伦"发烧"背后的复杂情感和他深层的心理需求？这不仅仅是一种生理上的不适，更是他内心焦虑、恐惧、挫败感以及对理想自我与现实差距无力应对的集中体现。

四、破壳之旅：带领"小蜗牛"走出拒学困境

（一）　改变，从一小步开始

在询问小伦是否需要心理辅导以及求助的意愿时，他表示非常愿意，并积极主动地约定了心理辅导的时间。然而，第一次心理辅导他就爽约了，原因是他没有到校，原来小伦已经两周没到学校了。于是，我通过与小伦的妈妈电话交流，深入了解小伦的情况。小伦的妈妈积极反馈给我，她正努力通过安排一些兴趣活动来缓解小伦的情绪，并调整计划增加小伦的爸爸与小伦的相处时间。第二次，小伦的妈妈替小伦预约了心理辅导，下午又取消了，原因是小伦表示自己不需要心理辅导了。

小伦的人际关系出现问题，他能意识到问题来自自己，但是目前并没有足够的力量去改变。这个时候的关键就是要行动起来，哪怕迈出很小的一步。不同于心理咨询"不求不助"的原则，作为学校的心理工作者，我的身份是老师。于是，我主动给小伦的妈妈打去了电话。

（二） 家庭支持，增加小伦改变动能

当我在电话中询问小伦的情况时，电话那头的小伦妈妈像抓住了救命稻草一样，说："他晚上睡不着，这几天总是做噩梦，我很担心，但不知道该怎么办。"在这一刻我顿悟了，孩子不上学，不仅仅是孩子遇到困难了，家庭也存在很多困难。首先要做的是改善亲子关系和家庭的教育环境，解决其拒学问题。

为此，我承担起家庭教育指导师和心理健康咨询师的角色，为小伦的父母普及相关的心理健康常识，安抚他们的焦灼情绪，帮助他们真正理性地接纳孩子出现的心理困境，改善与孩子的互动方式，增加陪伴孩子的时间，提高陪伴质量，重新陪伴小伦慢慢长大。通过一系列的辅导，小伦的父母开始做出一些小的改变，随之带来了整个家庭关系的变化，小伦的个人状态也开始好转，这是一个好的开始。

（三） 家校配合，拉动小伦进入"改变圈"

在应对一些低年龄段的孩子厌学、拒学行为问题时，我们可以适当降低要求，在一定范围内允许他不到校，但也必须与他协商具体的到校时间和时段，此方法通常对低年龄段的孩子有效。在后期的交谈中，我发现或许对小伦也可以试一试这种方法。首先，小伦的班主任王老师是一位非常优秀、带班经验丰富的班主任，得到了小伦与其父母的充分信任。其次，家长和老师目标一致并可以互相信任，配合支持。虽然小伦已经是初中生了，可是其心理年龄偏小。于是，我联合王老师和小伦的父母进行沟通，以期达成一致目标。

王老师以非常诚恳的态度与小伦讨论了上学的问题，他表示班级的每个人都很重要，小伦是班级内重要的一员，班级的老师和同学都很关心他，希望他能到校与同学们一起学习，因此要求他至少每天有半天到

校。在王老师的积极鼓励和明确要求下，小伦愿意尝试每天上半天学，每天下午到校。小伦开始改变，并坚持到了期末，他的情绪状态越来越好。

我对小伦的关注还在持续进行中，我无法完全按照书上完美的心理干预策略步步推进，但我往前推进的每一步都在贴近关系的基础上，寻找转机，寻求改变。不仅小伦像一只"蜗牛"一样慢慢前行，拒学干预的过程也像"蜗牛"一样走走停停、时快时慢，甚至我与小伦的父母每次的交流，也只是慢慢推进整个过程中的小小一步，但这才是发生改变的自然过程。

直到我整理小伦的资料时才发现，其实慢下来才能解决问题，这才是一个遇到拒学问题的学生真实的成长过程，也是一个家庭解决拒学孩子时的缓慢进程，更是我们在介入干预拒学问题学生时的真实轨迹。理想的效果难以预见，真实的过程虽不完美，但我们仍在前行。

辅导手记

扫描二维码
观看视频

（一）不急于把孩子马上送回学校

当孩子因厌学、拒学而宅在家里时，很多父母会迫切希望孩子尽快好起来，而好起来的标准就是孩子能够回到学校学习。但回到对厌学、拒学动力的理解，就能看到"厌"和"拒"的背后其实更像是孩子发出的某些信号。如果这些信号背后深层的需求还未曾被真正看到和理解，父母就急于把孩子送回学校，通常会导致孩子更强烈的反抗与拒绝，也更容易失去与孩子真正的联结机会。当孩子出现厌学、拒学的情况时，家长需要先包容和理解孩子，为孩子营造出一个安全的心理空间。

（二）如何在家陪伴厌学、拒学孩子

家长可以安排一个专门的时间段，与孩子进行一场深入对话，倾听他们的感受和想法，了解他们厌学、拒学的真正原因。家长要尝试站在孩子的角度理解问题，对于孩子遇到的问题不要立即给出解决方案或提出批评。平时，家长可以和孩子一起进行户外活动，如散步、骑自行车或野餐，这有助于缓解孩子的压力和焦虑情绪。共同参与家庭游戏、看电影或阅读书籍，不仅能增进亲子关系，还能让孩子感受到家庭的温暖和支持。家长可以学习一些基本的情绪管理技巧，如深呼吸、冥想或放松训练，与孩子一起练习。鼓励孩子与朋友或同龄人多交流，可以安排视频通话、线上游戏或小型聚会等活动，从而提高孩子的人际交往能力。

"逃学"小朋成长记

人物档案

姓名：小朋
性别：男
年级：初中二年级学生（14岁）
关键词：学习压力、考试焦虑、青春期

一、石破天惊的电话

快要进行生物、地理考试了，班级的好苗子小朋又"掉链子"了，看到小朋的妈妈在聊天软件上发来的小朋生病请假的消息，班主任徐老师很无奈。徐老师从初一开始就带这个班，从初一到现在，期中、期末考试共考了五次，无一例外，每次考试前，小朋都会生病请假，不是肚子疼，就是头疼。徐老师虽然不想"恶意揣测"，但也忍不住想：小朋会不会是在装病？

第二天，小朋的妈妈依然在聊天软件上发信息替小朋请假，徐老师本着关心的目的，也想沟通一下小朋在考试前的情况，便给小朋的妈妈打去了电话，结果，小朋的妈妈压根不知道请假的事情。

一个电话犹如石破天惊，惊得小朋的妈妈和徐老师的心里都只有一个念头：好学生小朋逃学了。徐老师怕小朋的妈妈情绪太激动，赶紧安抚了几句，劝她回家看看是怎么回事。

小朋的妈妈很生气，回家的路上她想了很多：小朋在不在家里？如果不在家，他会去哪里呢？昨天已经请假一天了，他都做了些什么呢？中午饭怎么解决的？昨天下班后他就在家了，自己怎么也没问问，自己真不是一个称职的妈妈……原本非常生气的小朋妈妈在胡思乱想中慢慢冷静了下来。到家开门前，小朋的妈妈决定假装回家取材料，看见小朋要装出惊讶的表情，不能着急。做好心理建设后，她打开了门，看见拖鞋不在门口，她松了口气，然后换完鞋假装很着急地往里走。这时候，小朋从卧室出来了，看见妈妈丝毫没有慌张，而是笑着招呼："妈妈，你怎么回来了？"。小朋的妈妈后来说："看见那小子笑着喊妈妈的那一刻，悬着的一颗心终于放进了肚子里，原来自己生气是次要的，最重要的还是担心到底发生了什么事情。"

原来，由于小朋的父母工作忙，平时都是小朋拿妈妈的手机在班级群查看班级群信息，及时完成群公告中的任务，并将需要父母做的事情告知父母，所以他之前请假的事，班主任和父母都被蒙在鼓里。小朋的爸爸知道这件事后，开完会赶紧请假回家，回到家看见小朋后一下子火气就上来了，把小朋批评了一顿。其实，批评完之后，小朋的爸爸就后悔了，可是小朋已经跑到自己的房间不肯出来了。

徐老师感觉这个事情发生在小朋身上，既合理又不可思议，觉得合理是因为小朋很有主见，发生这样的事情一定是有原因的；觉得不可思议是因为小朋一向是很"有数"的孩子，不应该做出这样的"荒唐事儿"。所以，带着这些疑问，徐老师来找我并和我沟通了很久，我们决定等小朋回校上课的时候由我和小朋谈一谈。

二、探索请假的真相

小朋来学校心理辅导室的时候，他和爸爸之间的冷战还没有结束。小朋选择了一个沙发坐下，由于他个子比较高，伸了一下腿又蜷缩起来，虽然他表现出一副无所谓的样子，但我还是能看出来他有些拘谨。尽管我一直强调我们就是简单聊聊，不用紧张，但他的身体还是一直绷着。就这样，我们在他故意装得云淡风轻的状态下开始了我们的谈话。

（一） 学校并不是象牙塔

我：今天你感觉怎么样？

小朋：挺充实的，要不是我爸妈和班主任都不让我在家待着，我都准备在家学习到生物、地理考试时再回来上学。

我：你感觉挺充实，说明你在家学得不错。如果让你给居家生活从1~10打个分数，1分代表在家里非常不舒服，不喜欢在家；10分代表在家里非常舒服，很喜欢在家。你会打几分？

小朋：6分吧

我：那如果让你给学校生活打个分数，还是从1~10分，1分代表在学校感觉糟糕透了，一点也不想上学；10分代表在学校感觉非常棒，每天都期待上学。你会给你的学校生活打几分？

小朋：9分吧。

我：你给居家生活打6分，给学校生活打9分，可以说说它们之间的差别吗？

小朋：我不是不想上学，学习只是学校生活的一部分，在学校和大家在一起很开心。

我：我相信你喜欢上学，你的班主任说你平时都不怎么请假，那这次请假是因为考试吗？

小朋：（抬头看我）是的，其实我觉得我有考试焦虑症。

我：可以具体说说你感觉考试焦虑时的具体表现吗？

小朋：我就是觉得同学们都很关注我的成绩，特别是快要期末考试的时候，班里经常有小测试，就经常有同学问我考得怎么样，这让我感觉压力很大，好像必须每次都要考好，才能证明自己学得很好，不是作弊得来的分数。

我：被关注总是让人觉得很有压力。

正如小朋所说，学习确实只是学校生活的一部分，人际交往、自我认识、青春期发展等都是小朋在学校需要面对的。看着坐在我面前的小朋，即使像他这样优秀，也需要面对"被关注"带来的压力。也许每个成长中的个体都需要在周围不断的反馈中去认识自己，形成一个独特的自我认识。在这个过程中，周围人的帮助必不可少。

（二）大人只选择看见他们想看见的

小朋的父母貌似并没有看到小朋的压力，更谈不上给小朋及时的帮助了。我在与小朋的交谈中发现，正如班主任徐老师所说的，这不是小朋第一次拒学。

小朋：每到学期末我都不想上学，一想到考试就焦虑，之前我和爸妈说过，但是他们不相信我，觉得我是在逃避，有时候还会批评我不把心思用在学习上。后来，我就撒谎说自己身体不舒服，我爸妈还是很关心我的身体，这样我就可以偶尔不用上学了。

我：你觉得爸妈关心你、爱你，但是不能理解你，是吗？

小朋：是的，他们只关心我的成绩，不关心他们不在乎的，所以他们看不见我的压力，也听不见我说了什么。我说了很多次我有考试焦虑症，他们都不信，这次还是不信，就认为我是在为逃学找借口。

我：有时候大人就是这样，让人很无奈，当他们这样说的时候，你是什么感觉？

小朋：想爆发，想大声喊"请相信我"！

我：想喊就喊出来吧，我这有一个宝贝叫"消音壶"，你对着它喊，别人就听不见你说什么了。

小朋：（笑着摇了摇头）不用了。

我：好的，我尊重你的想法。不过，你刚才摇摇头不说的时候，我非常心疼你，感觉你的内心特别压抑，还很愤怒。

小朋：失望多了就不想说了，想要做什么自己去做就好。

我：我能感受到你真的很失望。不过你之前和爸妈说实话，他们不相信你，所以你用说谎达成目的。这次事情露馅以后，我听说你非常坦荡地承认，你为什么又坚持说实话了？

小朋：我感觉我的考试焦虑越来越严重，想待在家里的想法越来越强烈，我想解决这个问题。

（三）　"我"感觉"我"快要控制不住了

据了解，平时小朋"一模""二模"的生物、地理成绩都能达到双 B，但他依然很担心。了解到小朋拒学的根源所在，后面我们的谈话主要针对考试焦虑展开。

我：除了不想上学，考试焦虑还对你有什么影响？

小朋：考试时会胡思乱想，担心自己考不好，静不下心来，题目要读好几遍才能读懂；有时候大脑一片空白，平时背过的内容也记不起来；有时候心跳很快，浑身冒冷汗。

我：你的成绩还不错，说明在考试的过程中有些时候你让自己冷静下来了，你都做了些什么呢？

小朋：也没做什么，就是深呼吸，有时候手里握着一张纸巾，既能擦汗，又能缓解紧张，慢慢地就冷静下来了。但我感觉我还需要一些方法，我怕自己会越来越焦虑。

我：你做得很棒，深呼吸和注意力转移法都是经常使用的应对考试焦虑的方法，而且这两个方法也很有用。那么，除了考试期间，还有哪些影响或者反应让你觉得自己好像会越来越焦虑？

小朋：失眠。以前仅仅是期中、期末考试前后失眠，现在只要第二天有小测试，我就会失眠。

我：还有其他的反应吗？

小朋：做题的时候吧，很怀念之前那种全身心投入的感觉，现在做着做着就会走神，而且还特别想请假回家，在家感觉做题效率会高些。

我：这种状态持续多久了？

小朋：（思考一会儿）"二模"考完后不到一个月吧。

不到一个月，说明事情还没有发展到不可控的状态，我就没有建议小朋去医院检查。

三、青春期给了小朋自我发展的力量

小朋的问题反映出三个比较典型的问题：一个是典型的拒学不厌学，一个是典型的考试焦虑，还有一个是青春期的发展。

（一） 拒学不厌学的行为体现出小朋对学习的重视

很多时候，拒学的孩子也会伴随着厌学，但拒学不一定厌学，拒学不厌学代表学生不抗拒学习，有学习的主动性和主动变好的内在动力。至于小朋在家学习，他的目的是想在家专心学习生物和地理，这就说明小朋属于拒学不厌学的状态，也说明小朋的拒学行为另有原因。我和小朋谈话的时候，小朋比较主动，基本上有问必答，小朋和班主任沟通时也比较配合，这些代表着小朋的亲师行为。所以，小朋的拒学也可以排除老师的原因。

（二） 重要考试之前的拒学行为主要由考试焦虑引发

拒学的原因有很多，我通过和小朋交流发现，他拒学主要是因为考试焦虑，还有就是青春期这个特殊时期带来的成长压力。两者相互作用，导致小朋产生了拒学行为。

在重要的考试之前，经常有学生像小朋一样提出回家专心复习的要求，这种现象其实是考试焦虑状态下的一种认知行为问题，类似逃避，当然学

生考试焦虑不仅会出现逃避行为，还会出现拖延、发挥失常、记忆力下降、注意力不集中、心跳加速、出汗、呼吸急促、胃肠不适等现象，这些现象直接影响学生的生活和学习。小朋的父母没有认识到小朋出现这些行为是因为考试焦虑，他们只认为是小朋的学习态度问题，最终用"一顿批评"破坏了亲子关系。而且，小朋的父母多次忽视小朋的求助，让小朋的考试焦虑不能及时得到疏解，最终迎来了大爆发。

（三） 青春期给小朋带来了压力，也带来了促进自我发展的力量

青春期的小朋十分关注外界对自己的评价，比如他感觉到同学都在讨论自己，这种现象是青春期常见的"假想观众"状态，这也是小朋的压力来源。但在这个阶段，小朋也会对外界的声音产生怀疑：我是这样的人吗？我为什么要在乎这些？我正常不正常？有时候，小朋也会做出一些错误的判断，比如他认为自己在家学习就能够摆脱学校和考试的压力，取得好成绩，创造奇迹，这些也是青春期的常见现象——"个人神话"。当事实和小朋的想法不符合的时候，就产生了冲突，进而引发小朋的青春期发展焦虑。

青春期除了给小朋带来了压力，还带来了促进自我发展的力量。进入青春期后，学生需要在周围的声音中找到自己的发展方向，这是一种无形的发展力量。小朋一次又一次的求助被爸妈忽视，在经历了无数次的失望后，依然能够重新拥有为自己发声的勇气，这就是青春期自我发展的力量。

当然，也正是这些冲突和焦虑刺激到小朋，让小朋感觉不能独自一人面对这个问题，从而向外求助。不过这种冲突和压力，何尝不是一种推进小朋改变的力量呢？

四、青春期是孩子长大的"必经之路"

小朋现在出现的问题不仅仅是考试焦虑，更多的是青春期发展带来的

困扰。很多家长都把青春期当成洪水猛兽，但我们应该从积极的角度看待青春期，看见青春期的力量，并让它助力孩子成长。

（一）　看见青春期现象——成长改变的"萌芽"

无论孩子是否表现出青春期的行为，家长都应该认识到"我的孩子已经进入青春期了"，家长要始终有一根青春期的弦联结着自己的教养行为。当孩子出现一些难以理解的行为偏差时，家长应该及时地去思考：这是不是青春期带来的？这个现象常见不常见？是不是青春期特有的现象？孩子是不是出现了行为问题？

小朋作为初二的学生，已经进入青春期，小朋私自请假的行为，也正如班主任徐老师理解的，是"有主见""独立自主"的行为表现。但很明显，小朋的爸爸妈妈还没有准备好，虽然他们在行为上早早让小朋独当一面，但在心理上还一直把小朋当成一个小孩子。小朋的妈妈听到小朋请假在家的消息后首先担心小朋的吃喝问题，却没有关心小朋的精神层面，也没有联想到青春期的问题。小朋的爸爸在小朋出现了行为偏差以后，在没有全面了解的情况下，直接采用权威压制的方式，没有给小朋尊重和尊严，不仅没有解决问题，还直接破坏了亲子关系。

（二）理解青春期的积极力量——成长改变的"土壤"

青春期被称为第二生长期，在这个阶段，孩子的成长不仅仅体现在身高、体重、骨骼的变化，还体现在思维、情绪、情感、社会适应力的发展。

青春期的孩子有很多特点，小朋身上体现得最明显的特点是既独立又依赖，即他感觉自己长大了，可以独立地去做决定，但遇到事情的时候，还是会依赖父母。但无论是独立还是依赖，都是青春期的特点，都为小朋的成长注入力量：独立让小朋拥有独当一面的力量，依赖让小朋拥有求助的力量。不仅如此，青春期的任何一个特点都能为成长注入力量。比如，青春期的焦虑除了让孩子困扰，还能够让孩子"未雨绸缪"；青春期的叛逆让孩子获得尊重与平等的机会。父母应该用积极的视角看待青春期的特点。

（三）放松自己、松绑身心——成长改变的"小妙招"

小朋的考试焦虑一方面是对自身期待过高，另一方面是太在乎别人对自己的看法，因此，我在谈话中加入了一些关于考试、成绩、青春期的理论，通过这些理论来扩充小朋的认知，进而达到认知的调整。

在平时的心理课上，我和同学们经常讨论"放松"这个话题，在后来的辅导中，我和小朋探索了在焦虑状态下他认为比较有用的放松活动，比如跑步、骑行，有时候空间不允许，他就在自己房间里打打拳。除此之外，我还给小朋介绍了腹式呼吸、冥想和渐进性放松训练[①]等，并在心理辅导室进行了体验。

---

① 渐进性放松训练：该理论由美国生理学家 Edmund Jacobson 于 1935 年提出，通过有序收紧和放松不同肌群，缓解身心压力。

辅导手记

扫描二维码
观看视频

（一）借助青春期的力量，助力孩子成长

青春期的孩子认为他们的一举一动都时刻被关注和评价着，就像自己是舞台上的人，而周围那些关注自己的观众被称为假想观众。这样的想法导致他们对自我意识的强调、对他人想法的过度关注和对现实和想象情境中他人反应的预期。青春期的孩子经常觉得："别人不能理解我正经历的一切""那种事不会发生在我身上"或"我能应付一切"。这些观念反映出他们认为自己的情感和体验是与众不同的，他们相信自己是独特的、无懈可击的、无所不能的，这样的心理特点被称为"个人神话"。"假想观众"虽然让小朋有压力，但也让他愿意变得更好；"个人神话"虽然让小朋对自己的学习方法有了错误的判断，认为回家学习就能够学好，但也让小朋有动力和激情去探索。

（二）当孩子遇到难关的时候"推一把"

类似小朋这样的情况，我工作中遇到过很多次，每次我都是和他们一起面对困难，想办法解决问题。直到一个有抑郁倾向的孩子来访，我们共同探讨的是"是否允许自己休息一下再继续努力"。在这个孩子的心理辅导工作结束之后，我开始反思之前辅导过的"小朋"们，是否也允许他们休息一下呢？后来，我发现当孩子的力量还可以的时候，我们可以试着在他们身边推一把，给一些支持，等他们跨过去这个坎儿，下一次就能够跨越更高的坎儿。

孤独的"战士"

人物档案

　　姓名：小星

　　性别：女

　　年级：高职二年级（17岁）

　　关键词：拒学、强势母亲、母女冲突

一、同学矛盾成为拒学导火索

　　小星是家里的老二，小星的妈妈是一位女强人，主要负责小星的教育；小星的爸爸在家中较为弱势，主要负责小星的日常生活，如参加家长会、接送孩子等工作一般由小星的爸爸承担。最近小星又和同学闹矛盾了，班主任王老师在无奈之下，又把小星的爸爸请到了学校。

　　这一次是因为学校的一项活动，需要由6名同学组成一个实践小组。组队的时候，王老师很是头疼，因为小星平时和班里的同学关系一般，几乎都发生过矛盾，没人愿意和她一队，王老师只好私下做班长的工作，班长就将小星拉到了自己的队伍里。班长被选为组长，负责统筹与分配组内事务。结果只要组长提出一个方案，小星就不同意，但是在最初做方案的时候，小星却没有提出不同意见；更让组长受不了的是，小星表达了不赞同的意见之后，也没有提出新的方案。因此，组长和小星吵了起来，组长认为小星这样做是故意的，小星觉得从一开始这个小组里的成员就在排斥她，这让组长更加认定小星是在故意找事儿，就把王老师找他让小星进组的事情说了出来，并且让小星珍惜机会。小星感觉很丢脸，就开始哭闹，并且要求回家。

之前小星和同学发生矛盾时都会据理力争，认为自己没错，错的都是别人。小星的表达能力也不错，好几个同学都被她气哭过，为此王老师很是头疼。这次小星与班长发生矛盾后，便不再来学校上学了。

为了让小星尽快回到学校，王老师来到小星家里进行家访。小星的爸爸忙前忙后，小星的妈妈陪王老师聊天，小星则待在自己的屋里不出来。王老师提出想和小星聊一聊，小星的妈妈说直接推门进去就可以，门没有锁。原来，因为小星总是反锁门，小星屋子的门被妈妈踹开之后，锁也就坏了。

这次家访让王老师隐约觉得引发小星拒学行为的原因在她的家庭，在学校里她与同学之间的矛盾仅仅是一个导火索。为了解决这个问题，王老师询问小星是否愿意去找学校的心理老师聊聊，小星思考了一下便同意了。

二、我在妈妈的操控下长大

初次见到小星时，我有些诧异，她身材瘦小，长得白白净净的。之前根据她的班主任对她的描述，我一直觉得她是一个非常有气场的孩子，没想到她看起来竟有些柔弱。我邀请她坐下来，她有些拘谨，我向她解释了心理辅导的保密原则和保密例外原则，告诉她即使是班主任让她过来的，我们的谈话也是保密的，即使有保密例外的必要交流，我也会征得她同意之后才会交谈。小星听完后放松了一些，但小星说不知道从哪里说起。

（一）　强势的妈妈和弱势的爸爸

用小星的话来说，妈妈就是童话里的"红皇后"，霸道不讲理。妈妈看谁都不顺眼，见谁都能训上两句，控制欲特别强，家里大大小小的事情都要听她的，她还抱怨家里没有一个让她省心的人。姐姐是家里的"直接受害者"，小星小时候不理解姐姐为什么老哭，感觉姐姐比较软弱。慢慢地，小星有了自己的判断力以后，她开始同情姐姐，并且暗自发誓不要变成姐姐那样。

我：听起来姐姐让你意难平。

小星：是的，妈妈否定了姐姐考大学时想要报的旅游管理专业，替姐姐选择了会计专业，她认为这个专业好找工作。姐姐本来有男朋友，妈妈嫌弃她的男朋友不是本地人，各种使脸色，姐姐分手后和现在的姐夫通过相亲认识后结婚。婚后，因为一些琐事，姐姐与姐夫发生了矛盾，现在正在与姐夫闹离婚。

我：妈妈替姐姐做的这些决定，听起来真让人窒息。

小星：是啊，虽然爸爸不反抗，但我知道他不开心，姐姐现在这个样子，他也有责任。

我：听了这些，像你心疼姐姐一样，我也很心疼你。

小星：妈妈自己觉得她对我特别好，让我好好听话，一定要给她争气。可是她一点儿也不尊重我，就是以"为我好"的名义控制我。她不让我锁门，那一次我家里来人了，我锁门换衣服，她喊我我没听见，她就把门踹开了，事后还说我不听话，让她丢人了，这件事情明明是她的错。

我：是的，这件事情不是你的错，是妈妈做错了。

小星：可是妈妈到现在都没有向我道歉，认为是我错了。

我：你一定很生气。

小星：对，我很生气，我和她一直冷战，现在也没和好。而且，我发现我不去上学，她比我更难受。

我：看到她比你更难受的时候，你有什么感受？

小星：您可能也会觉得我是个坏孩子吧，我觉得很得意，有种报复的快感。

我：那你不上学主要是因为想报复妈妈，还是有其他原因？我记得好像你和同学闹矛盾了。

说到这里，小星哭得特别伤心，我暂停了谈话。过了一会儿，小星的心情平复了下来，她擦擦眼泪继续讲述她的故事。

（二）外强中干的小星

听着小星的描述，我慢慢地理解了她，用她的话来说，她就是一个外强中干的人，她只是用强势的态度来保护自己脆弱的内心。

小星：我知道别人都说我脾气大、厉害，虽然我看着挺霸道的，但实际上很怂，和别人吵完架我都偷偷地哭。

我：你似乎在用坏脾气来保护自己。

小星：是的，我很希望和同学们交朋友，但是我又特别烦像妈妈一样的人，看见她们自以为是地对我指手画脚，我就很生气。后来我想自己和男生相处应该没问题，但是男生也都说我霸道。

我：还有这些情况啊！

小星：我是能够感觉到我的人际关系一团糟，我也不想这样，但是跟大家相处的过程中不知不觉就说错话，让大家都不高兴。别人都说我和组长对着干，实际上我很感激他能够让我和他一组，我很想好好表现。

我：你很想好好表现，却没有得到你预期的结果，你似乎也不知道发生了什么，对吗？

小星：我知道我的能力一般，但是我也不想让别人瞧不起我。

我：是的，善良的孩子都想把好的一面呈现给别人，把不堪的一面留给自己。

小星：组长说的话太伤人了，我真的没办法回学校上学了。

三、从家庭关系系统性地理解小星

（一）小星和同学相处的模式与亲子关系的模式相似

从小星的话里，我看到了那个真实的小星，她一直幻想着自己可以对抗妈妈。不过，也恰恰是这个幻想，让她有力量去追求不同于姐姐的人生，让她在和妈妈的对抗中屡败屡战。这种"战斗式"的亲子关系应对模式，被小星应用在了与同学的相处中，虽然让她在和同学的相处中获得了主动权，却阻碍了亲密关系的建立。比如，她明明感激组长的接纳，想好好表现，却总是像一只斗兽，通过"斗争"的形式来相处；她希望得到别人的认可，却不知道如何接纳和包容他人，因为在家里，她和姐姐都没有被包容过。

我能够感受到小星的无助与孤独，在家里，她被妈妈的强势碾压得没有话语权；在学校，小星说自己其实特别胆小，很害怕因为性格软弱遇到一个像妈妈一样强势的朋友，所以小星看到和妈妈一样的人就避开，但是看到和爸爸一样软弱的人还瞧不上，这种矛盾的心理状态让小星一直处于"拧巴"的状态，给同学一种"不好惹"的感觉。其实，她用看似泼辣的性格筑起一座保护自己的城堡，而且整个过程中都是小星一个人在战斗。

（二）　妈妈剥夺了小星自主成长的权力

和很多妈妈一样，小星的妈妈一边溺爱着小星，将小星宠溺成一个什么也不会干的孩子；一边道德绑架小星，对小星的生活有极强的控制欲。

小星说："我知道我什么都做不好，学习学不好，生活自理能力差，我就是个废物。"小星的妈妈一直认为自己对小星很好，除了学习，其他的事情都不舍得让小星做。但这样的溺爱彻底剥夺了小星自主成长的空间，抑制了小星的自主发展。

（三）　小星在用自己的方式夺回成长权

这次小星爆发的拒学行为，在我看来不全是坏事。在这件事情的解决过程中，如果小星的妈妈能够做出改变，那么小星就赢了，因为这也是小星夺回自己成长权的一种方式。虽然小星在意识层面不一定意识到自己行为的真正目的，但事情的发展就是这样一个走向。

四、母女华尔兹：母亲退一步，小星进一步

小星拒学在家，不出门，也不学习，用小星妈妈的话说就是"什么也不干，一天天的就知道看手机"。小星的妈妈开始着急了，毕竟这不是她的本意，虽然她确实强势，但疼爱孩子是事实。结合我对小星的理解，我将小星的妈妈拉到了咨询关系中。

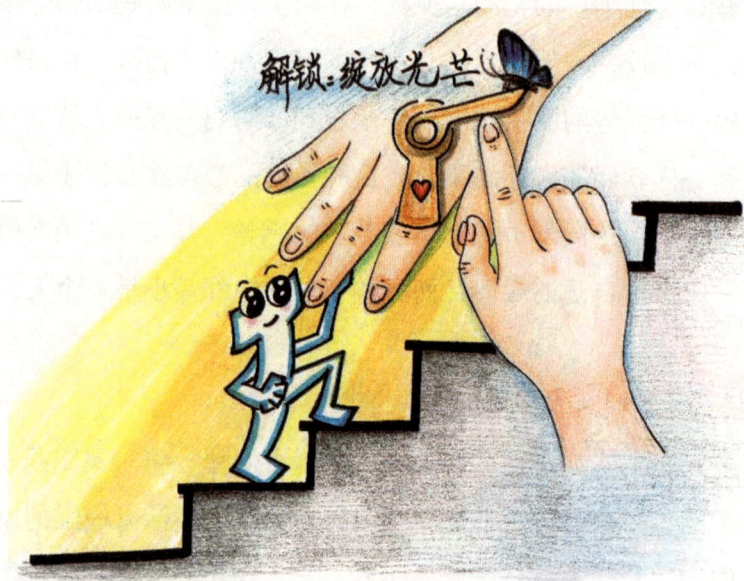

（一） "女王母亲"的改变带动小星改变

在居家活动的讨论中，我发现小星上网不是盲目闲逛，而是看一位她比较喜欢的歌手。我感觉这可能是小星做出改变、行动起来的契机。小星喜欢的这位歌手是最近的一位新兴歌手，虽然不是特别出名，但小星很喜欢他，因为他的经历和小星很像。最近他在青岛有一场演唱会，小星很想去现场观看，又害怕自己一个人去，因为她从来没有独自外出过。我提议和她来一场虚拟旅行，看看从济南出发到现场观看，需要哪些准备工作。小星开始查路线，通过网站查找车票和附近的酒店，制定行程，包括早上

几点起床、定几点的闹钟等。在这个过程中，我从小星身上看到了她的规划能力和决策能力，我感觉到她在慢慢成长。

和小星结束谈话后，我和小星妈妈进行了沟通，希望小星的妈妈陪伴小星完成这趟追星之旅。小星的妈妈说："小星喜欢的都是20岁左右的'小鲜肉'，我这么大年纪了还陪着去追星，多不好意思啊。"但最终小星的妈妈希望小星能够"走出去、动起来"的意念超过了其他所有的顾虑，同意陪小星去完成她的追星之旅。

在心理咨询室，小星的妈妈和小星约法三章：小星的妈妈在整个过程中做甩手掌柜，放手让小星去做所有的事情，即我和小星提前演练过的事情；小星在旅行中遇到突发问题时做到不急躁、不退缩，学会主动求助；当小星求助时，小星的妈妈不可以代劳，而是陪伴她一起解决问题。

（二） 沟通技巧的练习从家里开始

这次的追星之旅给了小星很大的信心，我决定让她和妈妈沟通自己卧室门锁更换的问题。小星卧室的门锁被妈妈踹坏以后就一直没有更换，这让小星很不方便。这次，我们在心理咨询室进行了练习，小星鼓足了勇气和妈妈去交涉，最终妈妈同意换门锁，并且整个过程都没有争吵，这是小星长这么大以来第一次和妈妈没有争吵的沟通。

（三） 小星重返校园

在回学校上学这件事情上，小星担心同学们不接纳自己，这时候小星的妈妈又着急了，想去找班主任聊聊。小星说她想要按照自己的节奏去面对这个问题，希望妈妈能给自己一些信任和空间。小星的妈妈同意了，但需要小星给一个底线时间，不能一直不上学。

小星先跟班主任联系，班主任说事情已经过去了，大家都希望你回来上学，这让小星有了回学校的勇气。小星想给组长准备道歉礼物和道歉信，不知道应该怎样写道歉信。我肯定了小星的这个想法，并且和她一起讨论了道歉信的内容，与其说是道歉信，不如说是感谢信，主要表达了对组长的感谢。

带着这些准备，小星回到了学校。她后来在学校的心理辅导中心说："原来低下头，退一步，真的没有那么难，而这些也是妈妈教会我的。"

辅 导 手 记

扫描二维码
观看视频

（一）"高控制"型家长教养孩子注意事项

不少父母以爱之名充当孩子成长的"操盘手"，将自己的意愿强加到孩子身上，强行规划孩子的未来，代替孩子做很多重大决定，这样往往会引发青春期孩子的逆反心理，出现像小星一样的叛逆情况。

"高控制"型家长在养育孩子的过程中，要降低自己的焦虑和要求，明白有些"执念"是自己的，不是孩子的；要有界限感，控制自己不要过多干涉孩子的事情，把成长的权利还给孩子。

（二）让孩子独立成长

我们呼吁家长把成长权还给孩子，就是让孩子独立成长。家长要做到以下几点：尊重，让他们有试错的权利；信任，相信他们有独立成长的能力；支持，当孩子求助时能够给予必要的支持。家长要学会在该让步的时候让步，该沉默的时候沉默，多听少说。

艾老师再谈"I"和"me"

▶ "I"和"me"如何影响学生的厌学、拒学行为？

各位家长，当您看到这里，是否已经深刻明白了"I"和"me"这两个看似简单的代词，实则在学生厌学、拒学行为背后扮演着至关重要的角色。许多孩子在面对学业压力、人际关系或家庭环境等多重因素时，可能会不自觉地陷入"me"的状态。他们感到自己像是被外界所左右，失去了对自我的主导权，处于一个客体生存的状态。在这种状态下，孩子们往往会对学习产生抵触情绪，甚至拒绝上学，以此来逃避他们所感受到的压力和困惑。

前面许多案例中的孩子，大多处于父母眼中的"me"状态——一个客体的状态，而并非完全独立的主体状态。有的家长甚至忽视孩子的情感、需求、目标和价值感，一味想让孩子长成自己期待的样子，那么孩子们内心的"I"便无法生长出来。而"I"代表着孩子们内心深处的力量和追求，是他们渴望独立自主、追求梦想和目标的状态。当孩子"I"的成长受阻、停滞，或者无法按照自己的意愿成长时，他们的自我成长就会受阻，进而让他们的社会功能受损，成为他们厌学、拒学的重要原因。只有他们能够意识到并努力走向"I"状态时，才会拥有更多的自信和勇气去面对生活中的挑战，从而克服厌学、拒学行为，重新找回对学习和生活的热爱。

我们需要深刻认识到"I"和"me"在孩子成长中的重要性。如果让你对自己的孩子做个定位，在从"me"到"I"的这条直线上，您的孩子处于哪个位置？如果您的孩子也还在"I"发展的路上，请您思考一下，我们该如何催发孩子内在的成长呢？

Me ——————————————————————➤ I

▶ "I"和"me"对家长有什么启示？

"I"与"me"的转变，不仅是孩子自我成长的进步，更是他们心理成长和自我认知深化的重要标志。这一过程，对于家长而言，蕴含着深刻的启示，尤其是在面对孩子可能出现的厌学、拒学问题时，更是提供了宝贵的依据。

首先，从"me"到"I"的转变，意味着孩子开始从以自我为中心，逐渐学会将自己视为独立个体，并意识到自我的成长以及在社会中的角色。这对家长的启示是，在教育孩子的过程中，应当适时地把主动权交给孩子。面对厌学、拒学问题，家长不应一味强迫孩子，而应尝试理解孩子内心的恐惧或不满，鼓励他们表达自己的感受和想法，共同寻找解决问题的方案。这样，孩子才能在参与决策的过程中，逐渐建立起自我认同感和责任感，从而克服厌学、拒学的心理障碍。

其次，避免过度干涉孩子的成长。在"me"阶段，孩子可能更多地依赖父母，但随着他们向"I"转变，他们渴望独立，希望按照自己的意愿去探索世界。家长的经验虽然很重要，但也难免受限或出现偏差，家长应尊重孩子的需求，给予他们适当的自由和空间，让他们在实践中学习如何面对挑战、解决问题。对于厌学、拒学的孩子，家长可以引导他们发现学习的乐趣，让孩子在轻松愉快的氛围中重新找回内心的希望。

最后，成为孩子"I"成长的陪伴者，而非控制者。这意味着，家长需要放下权威，以平等、尊重的态度与孩子沟通，倾听他们的声音，理解他们的感受。在厌学、拒学问题上，家长可以与孩子一起制订学习计划，设定小目标，逐步建立学习的信心和动力。同时，家长也要以身作则，展示终身学习的态度，成为孩子学习的榜样。家长也要成为自己生命的主体，拥有自己的生命主轴，这样才能帮助孩子顺利完成从"me"到"I"的转变，让他们在面对学习和生活的挑战时，更加自信和坚韧。

总之，从"me"到"I"的转变，不仅是孩子个人成长的里程碑，也是家长教育理念和方法的试金石。在面对厌学、拒学等挑战时，家长应以此为契机，调整自己的教育方式，让自己成为孩子成长道路上的引路人和坚强后盾。

第二章

四维视角透视厌学、拒学现象

他者之见——
社会视角下的厌学、拒学少年

一、大家眼中的厌学、拒学学生

在心理辅导过程中，我经常接到家长的求助，当孩子难以起床、身体不舒服，或者直接表达各种不想上学的想法时，有的家长很诧异，有的家长很难理解，甚至很多家长内心充满疑惑，这些问题怎么和厌学、拒学有关系呢？从这些问题的背后，我也深深地感受到家长内心的焦虑、着急和茫然，甚至有很多家长直接怀疑：他就是装的吧？在这里，我们收集了一些家长的困惑，让我们一起来看看。

他到底是真病了还是装病？

家长留言：艾老师，您好。我家孩子一到学校就肚子疼，有时候甚至会恶心呕吐，看上去很难受。我们带孩子去医院检查身体，医生说没有什么大碍。没办法，我们只能把孩子接回家休息，到家之后感觉孩子很快就好了，啥事儿都没有。我是真的不知道他怎么了！

艾老师：家长您好！感谢您对我的信任。如您所疑惑的，孩子出现的这种反应，在心理学上被称为"躯体化反应"，是由负面情绪引发的身体不良反应。例如，在《总是请病假的小皓》这篇文章中小皓的"身体不舒服"，《"小蜗牛"的破壳之旅》这篇文章中小伦的"发烧"，以及您所提到的孩子肚子疼，实际上都是孩子因回避负面情绪而产生的身体不适症状。一些学生对上学感到焦虑和紧张，这种情绪容易导致身体不适，会出现头晕、头痛、肚子疼、发烧等症状。然而，当他们回到家后，由于焦虑和紧张情绪得到缓解，躯体化的反应也随之缓解或消失。需要明确的是，孩子出现这种反应并非有意为之，而是潜意识作用下出现的不自主的身体表现，他不是装的，而是真的不舒服。

我很不解，他怎么突然就不想去上学了？

家长留言：艾老师，我们家孩子今年上三年级，最近两周，不知道什么原因，她忽然就不想去上学了。一提起上学，她就在家哭。我问她发生了什么事情，是不是被欺负了，她也说不清楚，怎么会这样呢？

艾老师：家长，您的来信我已经收到，其实很多向我们求助的家长也会提出如您一样的疑问。大家都会认为孩子的拒学行为是突然出现的，实则不然，任

何拒学行为的发生都不是毫无征兆的。在学生彻底拒学之前，会有一些小信号，比如说不想去上学，作业拖延完不成，偶尔迟到等，甚至有的同学在学校的表现都很好，却也出现拒学表现，那可能就是更深层次的原因了。就像《不想来上学的小西》这篇文章中害怕出错的小西一样，这些拒学背后更深层次的原因，需要深入了解，分析情况，才能揭开拒学谜底。当然，有的孩子年龄小，或许他自己也不清楚为什么不想去上学，那就更需要我们耐心帮他梳理情绪，找到原因。

一有考试，他就不想去。

家长留言： 艾老师，我有个问题想咨询您。我们家孩子平时在学校的表现还是不错的，可是一有测试、考试，就会找各种理由不去上学，甚至哭着给我打电话，让我把他接回家。只要不考试，他就能正常地去学校。您说他这算是拒学吗？

艾老师： 留言的这位家长和正在阅读此书的家长，首先我反问您一个问题，您认为遇到考试就不去的孩子，他的行为是否属于拒学行为呢？即便孩子只是偶尔不去学校，只要这种行为源于心理因素，如主动不愿上学或难以全天坚持在校学习，都可视为拒学行为。鉴于上述描述，那么这位家长问题的答案就出来了。遇到考试就不去学校，也属于拒学行为。在我十几年的心理工作过程中，接触过许多拒学的学生，其中就有一些学生，他们通常能够正常上课，但一旦遇到挑战，例如学习压力、考试焦虑或与同学发生矛盾，他们就很容易退缩，无法坚持在校学习，从而选择请假回家。在《"逃学"小朋成长记》这篇文章中，小朋逃学的一个原因就是难以面对考试的压力。因此，如果家长发现孩子出现偶尔请假的情况，应予以重视。实际上，孩子逃避的并非考试这一行为本身，而是考试所引发的负面情绪或挫败感，这种由考试或其他事件引发的负向感受才是让他们无法在学校继续坚持下去的"罪魁祸首"。

他就是光想在家玩手机。

家长留言：艾老师，我家孩子不愿意去学校，我快急死了。我问他原因，他说一上学就难受。他在家里手机不离手，晚上不睡，早上不起，我就不明白了，怎么会一上学就不舒服呢？我觉得他就是贪玩，不愿意学习。艾老师，我的孩子是不是玩手机成瘾了，需不需要送到相关的学校去矫正啊？

艾老师：家长您好，看到孩子现在的情况，您一定很着急！其实，在平时工作中，我几乎每天都能接触到厌学、拒学的孩子和他们的家长，从这些家长的

口中，我发现，许多拒绝上学、待在家中的孩子，他们往往无所事事，沉迷于玩手机，不清楚自己应该做些什么。透过孩子这种看似沉迷手机的行为，恰恰让我们看到了他们在现实生活中的无力和无助，更重要的是他们不清楚自己的方向，这让他们感到迷茫。玩手机是他们对于学习的意义和人生目标没有答案、没有方向的一种挡箭牌而已。因此，过度玩手机只是孩子拒绝上学的其中一种表现。所以，孩子并非因为玩手机而不愿去学校，而是将玩手机、玩游戏作为一种在拒绝上学后逃避现实的方式。建议家长不要采取没收手机、切断网络，甚至更加盲目的行为，在与孩子的"手机之战"中耗费弥足珍贵的亲情。

看到上面几位家长的留言，我们会发现，尽管学校里出现厌学、拒学问题的学生越来越多，但在对厌学、拒学问题的认识上，家长的确还存在一定的不足和盲区。孩子的一些厌学、拒学的信号可能被家长忽视，或者家长难以将孩子的某些表现与厌学、拒学联系起来，甚至认为某些厌学、拒学行为只是小事。而这些忽视和误解，往往导致家长错过了帮助孩子应对厌学、拒学问题的最佳时机，更使家长与孩子的心距离越来越远。

接下来，艾老师将为您详细介绍厌学、拒学行为的外在表现，旨在帮助您更科学地认识厌学、拒学现象。一方面，我们可以在厌学、拒学行为发端期就能快速识别，尽早进行干预；另一方面，我也希望通过增强大家对厌学、拒学的认识，来缓解因未知而带来的焦虑和恐慌，更好地走近厌学、拒学学生，帮助他们尽早走出低谷。

二、厌学、拒学的外在表现

您是否了解我国中小学学生厌学、拒学现象的现状？

为了更全面地了解厌学、拒学问题的现状，我们查阅了相关文献资料。我们发现，聚焦基础教育阶段，厌学情绪的外显行为常直接表现为拒学行为，两者往往同时并存，却难以明确区分。同样，厌学心理的极端表现也反映在拒学的数据中。相关研究数据显示（如图一所示），广州市中小学学生中约有 22.5% 存在拒学行为[①]，北京市中小学生的拒学比例为 12.7%[②]，而郑州市中小学生的拒学比例则为 7.6%（数据来自"何丽拒学研究项目组"）。尽管由于选用的调查方式不同，数据之间会存在差异，但从这些数据中我们也可以看出，中小学生拒学行为越来越突出和普遍。

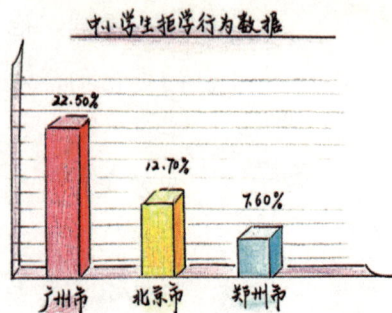

图一

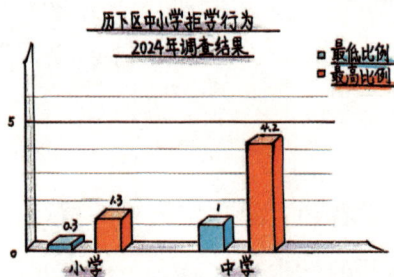

图二

同时，我们对工作区域内的中小学进行了相关调查，2024 年的调查结果显示：小学中存在拒学行为的学生比例大约在 0.3%~1.3%，而中学中存在拒学行为的学生比例则在 1%~4.2%（如图二所示）。

您可能会认为，单从这些数据来看，才百分之零点几，没啥大事啊！

---

① 陈玉霞、戴玉红、扬升平：《广州市中小学拒绝上学行为调查》，载《中国心理卫生杂志》2016 年第 2 期

② 鲁泉、程洛佳、常红忠：《对中小学生拒学行为的调查与思考》，载《河南教育（基教版）》2022 年第 9 期

下面我们用更形象的方式把这些数据解读一下，这样您就能全面认识到现在严峻的拒学形势了。

首先拿其中一个数据来看：小学中存在拒学行为的学生比例大约在0.3%~1.3%。过去，小学生中出现拒学的情况比较少，但近年来，这一问题在小学生群体中愈发普遍。在小学阶段，大约每100名学生中就有1~2名学生，已经出现了非常严重的拒学问题。在中小学校园里，拒学学生年龄逐渐低龄化，而学生问题更加复杂化。

再来看看这组数据：中学中存在拒学行为的学生比例在1%~4.2%。拒学问题在中学更加突出，平均一个班级内有2~3名学生已经出现明显的拒学行为。而以上数据还不包括大量刚出现拒学行为、不容易被识别出来的学生，他们存在更多潜在的危机。

为了更好地发现问题，找到解决方法，2025年，我们继续在区域范围内开展拒学调查（如图三所示），小学和初中、高中的拒学总检出比例在0.115%~2.223%。将2024年和2025年的数据进行对比，我们会发现小学和初中之间存在学段差异，初中拒学率是小学的19倍，这可能是因为初中阶段学生正处于青春期，是问题的高发期阶段。小学高年级（五、六年级）的拒学人数占比达56.5%，因此，学校需密切关注学生在小升

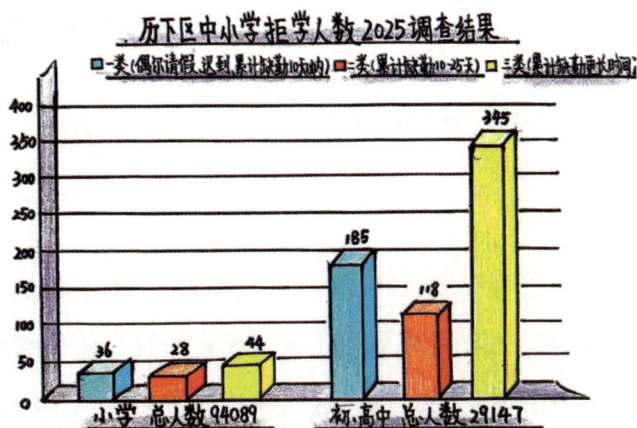

图三

初过渡期的心理适应问题。九年级的拒学人数占初、高中总拒学人数的37.3%，这可能是升学压力与青春期心理波动叠加导致的。

有一个拒学问题的学生，就有一个面临拒学问题的家庭，就有成倍增加的面对拒学困境的家长。所以，如若您发现您的孩子出现拒学问题，请一定相信，这不是个别问题，而是诸多家长需要共同面对的一个普遍的社会性问题。

如何是好？

早发现，早干预，是我在心理工作中一直秉承的工作原则，拒学问题也不例外。其实，在学生表现出较为严重的拒学行为之前，通常会有一些早期迹象，但这些迹象往往被家长忽略或误解。为了更有效地应对拒学问题，了解拒学行为的外在表现是至关重要的，这有助于我们及早识别问题，从而迅速采取有效预防措施。接下来，我将与大家探讨学生拒学行为的常见外在表现。

（一） 不容忽视的身体预警信号

拒学的孩子可能表现出一系列身体不适的症状，这些症状并非由身体疾病引起，一开始家长甚至都想不到这些症状和拒学有什么关系。以下是常见的身体预警信号，需要家长足够重视。

1. 疼痛不适

常见的身体不适有头疼、肚子疼，也有孩子反馈心跳加速、胸口痛、恶心、呕吐、腹泻、关节痛等不适症状，或者原有身体疾病的频繁反复出现，甚至有孩子会出现发烧症状。这些症状通常会在孩子不想上学、想回家的时候出现，大部分是指向"逃离"学校的。在我辅导的学生中，有个六年级男孩，总是以肚子疼为由请假回家，从四年级开始就出现这个问题，但是查不出身体有任何问题，家长很纳闷，到底是怎么回事呢？其实是家长没把肚子疼和拒学联系起来。通常，身体不适会在一段时间内频繁出现，特别是刚入学、刚开学阶段或者出现较大学习压力时，不适症状会在不同年龄阶段的孩子身上出现，低年龄阶段的孩子会出现得更多。当家长带孩子去医院检查，却无法检查出任何明显的身体问题时，那孩子出现的身体不适症状可能是拒学的身体信号，需要家长"前思后想"，看看是不是一种情绪的躯体化表现。

2. 睡眠问题

您还记得在《"潇洒哥"的不潇洒》这篇文章中的"潇洒哥"吗？也有拒学的孩子会像"潇洒哥"一样，伴随着睡眠质量不好的问题。有的孩子可能会临睡前想事情，翻来覆去地睡不着，可能躺下一两个小时才能入睡，甚至需要更长时间。有的孩子即使睡着了，晚上也容易惊醒，或者做噩梦，有些梦境甚至直接指向学校和学习。也有的孩子会早早醒来，后续无法入睡。总之，睡眠问题不仅仅是拒学孩子容易出现的问题，更是许多心理问题出现的预警信号。

3. 食欲变化

我们有这样的常识，好吃好喝好睡的孩子，通常都不会有大的心理问题。有部分拒学的孩子，可能会食欲不振，出现不想吃饭、吃得比之前少或者吃完东西想呕吐等症状。有的孩子可能会出现厌食、挑食或者食量骤减的情况，即使面对平时最爱吃的食物也提不起兴趣。当然也有少部分孩子会出现食欲暴增的情况。总之，突然出现的食欲变化，很可能是孩子在用这种方式表达对上学的不安和抗拒。其实，通过医学评估后，我们不难发现，这些症状并非由肠胃疾病直接引起，而是孩子潜意识里对上学产生的抵触情绪，通过食欲的变化表现出来。家长们要知道，这是孩子内心世界的另一种"呼喊"。

或许家长会疑惑，孩子身体不舒服也是常有的事情，我们如何判断是真是假或者是否与拒学有关呢？您可以这样做：当孩子感到身体不适时，先带孩子去医院检查，判断孩子的不适反应是否真的由身体疾病引起。经检查孩子的身体确实没有问题，而这一系列身体不适的表现又与上学有关，且一直反复出现（比如离开学校去医院或者回家症状就消失，而一回学校又会频繁出现），便可能是拒学引发的身体反应。同样需要引起家长重视的是，孩子的这种反应并非装出来的，而是身体发出的真实的疼痛和感受。

（二）微妙的外在行为信号

对于拒学的孩子，他们的一些行为上的信号，有些直接与学习相关，而有些看似与学习无关。因此，尽管这些信号有时家长或老师已经发现了，但是并没有将其与拒学行为联系起来，其实这些信号也是拒学的常见信号，需要我们觉察并留意。

1. 早上赖床，出门前拖延

有的孩子早上难以自行起床，需要家长一遍一遍地叫，但仍然会错过上学的时间，家长只好无奈地给孩子请假，就像《坚持43天的叫醒服务》这篇文章中的小敏同学一样。有的孩子虽然早上起床并不困难，但是到了该出门上学的时候总是忘带这个忘带那个，就算家长着急催促，孩子依然在出门前反复拖延，就是不想离开家去上学。

这些行为看似只是孩子日常的小毛病，但实则可能是孩子内心对上学产生抵触情绪的表现。他们通过赖床和拖延，试图延长在家的时间，减少在学校的不适感。家长在面对这种情况时，往往容易感到无奈和焦急，家长需要做的是理解孩子行为背后的心理需求，及时与孩子沟通，了解他们的真实想法和感受。

2. 过分沉迷于非现实的东西

虽然在信息化时代，使用手机或其他电子产品已成为普遍现象，但是大多数学生仍能将大部分时间投入到学习和各种兴趣爱好中。相反，那些过度沉迷于虚拟世界的孩子，除了玩手机或其他电子产品，似乎在现实生活中找不到其他事情做，他们在虚拟的世界中消耗自己的时间。家长想要让孩子发生改变，就从了解他们开始吧！

3. 难以完成学业任务

拒学的孩子可能会经常拖延，不愿意完成作业，上课和做作业时注意力不集中、效率低，常常无法按时完成作业。当然，这些表现并不一定与拒学直接相关，因此需要同时留意孩子是否有其他不愿意上学的迹象。很多学生的拒学问题是从早期的厌学问题发展而来的，厌学情绪慢慢累积，就逐渐演变为严重的拒学行为。

4. 社交退缩

有些孩子原本性格开朗，喜欢与同学交往，但突然变得不愿意与人交流，甚至避免与同学接触。他们可能更喜欢独自待在房间里，不愿意参加学校的集体活动或课外兴趣小组。这种社交退缩的行为，可能是孩子内心对上学感到不安和抗拒的一种表现。在心理辅导的过程中，我也常常发现，一些已经出现拒学行为的孩子，他们早在小学阶段或更早期就存在交友问题，只是当时并没有影响到学习，这个问题就被家长忽略了。总之，看似与拒学没有关系的交友问题，却常常是拒学问题背后的"杀手"，不容小觑。

5. 对学校的负面评价

孩子可能会经常抱怨老师不公平，同学不友好等。很多拒学孩子的父母也试图通过转学来解决问题。通常，孩子对于学校的这些负面评价，可能是客观存在的，也有可能是夸大的，甚至有一些情况并非完全客观，而是孩子的主观感受，这其实是他们内心对上学产生抵触情绪的一种宣泄。无论如何，家长都需要耐心倾听孩子的抱怨，懂得其中的弦外之音，在理解孩子情绪感受的同时，引导孩子客观地看待学校生活。

6. 逃避与上学相关的话题

当家长或老师提起上学、考试等话题时，孩子可能会表现出逃避或厌烦的态度。他们可能不愿意谈论这些话题，或者试图转移话题。这种逃避行为也是孩子内心对上学感到不安的一种表现。

在这里，艾老师提醒各位家长，要关注孩子的日常表现，当出现上述这些外在行为信号时，要重点关注。这些行为可能是孩子内心对上学产生抵触情绪的征兆，需要家长及时与孩子沟通并采取相应的干预措施。家长可以通过耐心了解情况、理解孩子内心的需求、寻求专业帮助等方式，帮助孩子克服拒学问题，重新找回对学习的热情和兴趣。

（三）隐藏在背后的情绪波动信号

在教育过程中，我们常常会遇到一些表现出拒学行为的孩子。这些孩子通常会有一些不同的负面情绪，比如焦虑、沮丧或者挫败感。这些负面情绪不仅对他们的内心产生影响，而且还会通过他们的行为和表情等外在形式表现出来。正是这些外在表现，使得我们能够觉察到他们的情绪状态，从而意识到他们可能正在经历一些心理上的困扰。

1. 莫名悲伤

每个拒学的孩子内心都承受着痛苦，他们可能会焦虑、内疚或悲伤。

这些负面情绪经过长期积累，加上孩子无法准确表达自己的感受，缺乏能够真正理解他们的人，就会通过泪水宣泄出来。

2. 易怒

当孩子待在家中不去学校时，一切似乎都很平静。然而，一旦家长提及学习或学校，并暗示希望孩子重返校园时，孩子可能会变得焦躁不安，甚至大发雷霆。生活中的一些小事、父母的一句不经意的话，都可能引起孩子极大的情绪波动，最常见的就是发脾气。

3. 情绪波动大

拒学的孩子通常情绪不稳定，时而兴高采烈，时而情绪低落。他们对负面情绪的反应极为敏感，常常因为一些在他人看来微不足道的事情而情绪失控，情绪波动极大。他们可能在踏入校门时心情尚佳，但很快就会变得沮丧，情绪激动到不愿意待在学校学习，甚至像小孩子一样哭闹。

4. 拒绝沟通

当孩子深陷负面情绪之中，感到没有人能够理解他们的感受时，他们往往会变得沉默寡言，不愿意与家人或朋友交流，一个人待在屋里，甚至会锁上房门，拒绝他人进入。这种自我封闭的状态经常出现在拒学孩子身上。

以上是我们从实际工作中归纳出的拒学孩子的一些外在表现。需要注意的是，这些表现有时也可能与其他问题相关联。因此，当孩子出现这些行为时，家长需要留意它们是否与拒学有关。一旦家长能够迅速识别出孩子的拒学问题，便是家长开始帮助他们的时刻。当家长明确了问题的表现，就能够清晰地界定问题的性质，缓解孩子内心的焦虑。

我们制作了一个关于拒学信号的思维导图，请家长回顾一下孩子的情况，想想在您的孩子身上存在哪些小信号呢？

疼痛不适 ☐

睡眠问题 ☐

身体预警

食欲变化 ☐

莫名悲伤 ☐

早上赖床、出门前拖延 ☐

易怒 ☐

过分沉迷于非现实的东西 ☐

情绪波动

情绪波动大 ☐

外在行为

难以完成学业任务 ☐

拒绝沟通 ☐

社交退缩 ☐

对学校的负面评价 ☐

逃避与上学相关的话题 ☐

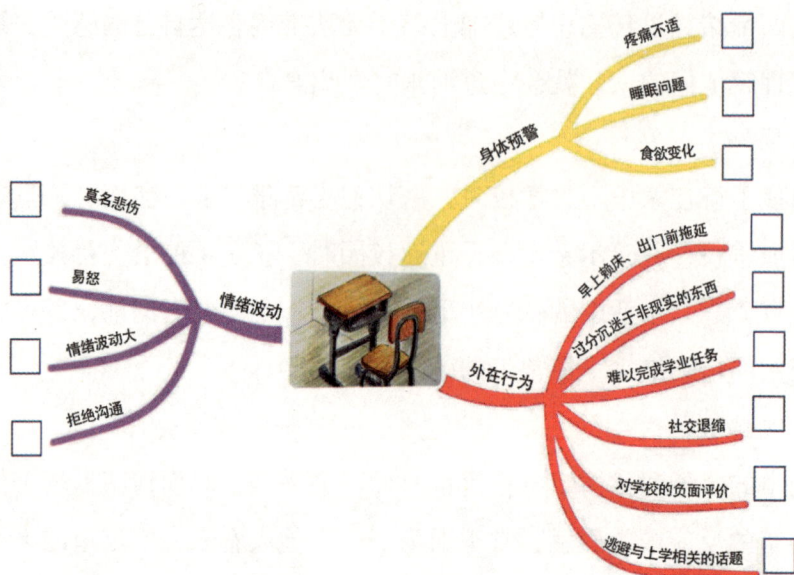

三、如何缓解焦虑

家长在面对孩子的拒学行为时，内心深处都会涌现出困惑和不安。在这样的情况下，家长首先需要做的是，不要急于向孩子施加任何形式的压力。其实这句话说起来很容易，做起来确实很难，艾老师理解您的困惑，但是也想告诉您，解决孩子拒学问题的关键并不在于立即采取什么样的行动，而在于先缓解自己内心的焦虑和压力，这样才有可能去帮助孩子走出困境。

下面是一些拒学学生的家长给艾老师的留言，让我们一起来看看。（此处的"小米妈妈"并非特指某位家长，而是拒学学生家长的统称。）

图片一：

小米妈妈

> 艾老师，孩子不去上学，我急得睡不着怎么办？

艾老师

> 您现在可能十分焦虑，而这样的焦虑影响了您的日常生活。
>
> 很多家长在一开始面对孩子的拒学问题时，都会大受打击，扰乱了自己的生活节奏。所以，在应对孩子拒学问题的同时，您首先要学会缓解自己的焦虑，照顾好自己，才能有精力更好地帮助孩子解决问题，您说对吗？

小米妈妈

> 是的，艾老师，您说得对。

图片二：

小米妈妈：艾老师，我现在真的很无力，我该怎么办？

艾老师：我知道当您的孩子不去上学的时候，您会不知如何应对，感到十分无助和无措，这确实不是一个容易解决的问题。但您并不是什么都没做，在您给我发消息的那一刻，您就已经在求助，在尝试寻找解决办法了。

小米妈妈：谢谢艾老师，您这么说，让我感觉心里好了一些。

图片三：

小米妈妈
艾老师，我觉得上学不是一件很困难的事情，他怎么就是做不到？他到底什么时候能回学校上课？

艾老师
我明白对您而言，上学或许不是一件难事。但拒学这个问题其实并没有那么简单，是很复杂的。尤其对拒学的孩子而言，他肯定面临着很大的痛苦和挣扎。对您来说看似简单的问题，对孩子来说却难以解决，由此可以推测，孩子内心肯定很痛苦，快要被压垮了。

小米妈妈
谢谢艾老师，您这么说，让我明白应该站在孩子的视角看待问题。

图片四：

小米妈妈

为什么别的孩子没事，就我的孩子这样？

艾老师

可能就您当前所了解的情况，您觉得其他的孩子都能正常去上学，而您的孩子无法上学，这让您感到很焦虑。事实上，全国范围内拒学孩子的数量在不断增加，这种情况变得越来越普遍，而非只有您的孩子这样。另外，孩子拒学可能只是孩子成长过程中一个阶段的问题，并不能因此全部否定孩子，更不能否定您在孩子成长过程中的辛苦付出。

小米妈妈

谢谢艾老师，听您这么说，我感觉心里好受了一些。原来不止我遇到这个问题，也不能说明我的教育就一定是失败的，谢谢您的理解。

图片五：

小米妈妈

　　艾老师，您说我孩子要是真不去上学，以后能干些什么呢？我现在不要求他的成绩，他只要能去上学就行了！

艾老师

　　听起来您觉得孩子不去上学是一件非常糟糕的事情。其实，孩子只是遇到了人生中一个阶段的困难。请您想一想，有的孩子因为骨折长期没法上学，难道他就一点办法都没有了吗？

小米妈妈

　　可是，骨折的孩子等身体养好了还能继续再去上学啊！

艾老师

　　您能想到骨折的孩子等身体恢复好还可以继续上学，这很好。因为对于拒学的孩子来说也是一样的，他们也需要先自我修复，等"痊愈"了再去上学。

艾老师有话说

　　面对孩子的拒学问题，真正的第一关是从认识拒学问题到接纳孩子现状的过程。对于家长而言，第一步不是着急去应对孩子的拒学问题，而是先关注自己的情绪，让自己稳定下来，着急处理问题反而会更慌乱。

　　或许原来是父母单打独斗去面对孩子拒学的困境，现在是咱们一起想办法。其实面对困境这是一件好事情，虽然当下说这句话您会觉得是安慰。但这不是安慰，是我当心理老师15年来的经历和经验，等我经历过后再回头看时才发现，这些困境确实是好事，因为我们会找到方法，会在困境中不断成长。我们现在需要做的就是把这件"好事"变成"真事"。

　　在日常工作中，我们可能会从各种渠道接收到拒学学生家长的留言信息，面对孩子的拒学行为，家长既焦虑又无助。当孩子出现拒学行为时，家长的担心和焦虑是完全可以理解的，但过度的焦虑不仅无助于解决问题，还可能给孩子带来额外的压力。为了帮助家长有效缓解焦虑情绪，以下是一些针对家长的建议和方法。

（一）表达我们的情绪

　　我们为家长精心准备了一套情绪卡片——汇心情绪卡。这些卡片是在我们应对孩子拒学问题的干预实践过程中，根据情绪理论手绘创造的，旨在帮助那些拒学的孩子更好地理解和表达自己的情感。我们衷心希望这些卡片也能够为面对拒学问题的家长们提供支持。

1.请您从以下卡片中，选择出在面对孩子拒学问题时，能代表您感受的三张情绪卡片。

（"汇心情绪卡"已注册专利，翻版必究。）

请您想一想，您选出的这三张情绪卡片分别代表什么情绪？如果让您为这三种情绪命名，您会怎么命名？您可以写在卡片的旁边。另外，还有哪些情绪是您未表达出来的呢？

2.如果用1~10分来表达您的情绪感受，10分代表这种情绪感受十分强烈，1分代表这种情绪感受一点儿也不强烈，以上三种情绪感受，您分别打几分呢？

情绪感受温度计

当情绪表达到这里，您是否感到了一丝轻松？或许，您已经开始意识到，面对孩子的拒学问题，我们并非孤立无援，而是有章可循，有途径可走的。表达情绪只是我们缓解焦虑的第一步，接下来让我们继续探索，如何通过调节我们的情绪，进一步帮助孩子克服拒学难题？

（二）调节我们的情绪

下面艾老师给您介绍一套简单、操作性强的身体舒压方式。

1. 说一说：倾诉心声

在上一个活动中，您可能已经洞察了自己的情绪状态和情绪的强度。设想一下，如果让您选择一个倾诉对象，您会向谁倾诉呢？您又打算向对方表达些什么？现在，不妨尝试着去表达一下您的想法吧！

2. 写一写：笔下生花

或许您会感到难以找到倾诉的对象，或者难以用语言表达。有时候，我们内心充满了复杂的情绪，却难以用语言表达出来。如果您更倾向于通过写作来表达自己，那么不妨找一个笔记本或一张白纸，将您所感受到的情绪记录下来。

3. 画一画：绘出情感

如果您觉得用文字表达仍然有些困难，不用担心，这是很正常的，因为情绪有时候确实难以用语言来描述。那么，您可以尝试一些更具艺术性的表达方式，比如拿起一张画纸，选择您喜欢的彩笔（无论是彩铅、水彩笔还是蜡笔），将这些情绪通过绘画的方式表现出来。不必担心要画出什么具体内容，只需让画笔随着您的感受自由挥洒即可。

4. 唱一唱：声音减压

唱歌也是一种有效的减压方式。您如果有空闲时间，不妨邀请朋友一起唱唱歌，尽情地释放自己的情感吧！如果不想出去，那就在家里选一首此刻最想听的歌曲听一听，跟着哼唱几句都可以。

5.动一动：运动疗愈

如果您热爱运动，那么您就找到了一种很好的疗愈方式。您可以选择您喜欢的运动，到户外让身体活动起来。如果实在不想走出家门，在家里也是可以运动的，如做瑜伽、原地跑步等。当我们的身体活动起来时，我们的大脑也会跟着活动起来，或许解决问题的好主意马上就会来到我们身边。

在上述的多种方法中，您选择了哪一种或哪几种来尝试呢？您现在是否感到更加放松了呢？不管您选择哪种方式，我们的目的只有一个，不要一直沉浸在应对孩子拒学问题的负面情绪中，尽量维持正常的工作和生活，不要陷入问题旋涡中无法自拔。当您觉得自己的情绪已经逐渐稳定下来了，那么祝贺您，您可以继续进入下一个章节，让我们一起深入了解拒学孩子的内心独白。

心灵之镜——
厌学、拒学少年的自我认知

一、拒学孩子的内心世界

我相信，当您阅读至此，已被前述案例中孩子们的内心独白所打动。在他们平静的外表之下，涌动着丰富的情感。因此，亲爱的家长们，不要仅限于观察孩子的表面行为和自身的焦虑情绪，我们更需要真诚地深入孩子的内心世界，去探寻他们的真实感受，这或许会让我们对孩子所面临的拒学挑战有全新的认识。

遇到拒学困境的孩子有很多，但并不是每个孩子都有机会得到专业的心理帮助，还有许多孩子正在经历拒学困境，我也希望给他们表达内心感受的机会。因此，我们在网络上设立了"心灵盒子"留言板，听到了许多拒学孩子的内心独白。下面让我们一起走进这些孩子的内心世界。

纸条一：

> 您们总是吵架，所以我会想，如果这个世界没有我，你们都会生活得很幸福。

纸条二：

> 生在教室的时候，看着别人都在笑闹，我感觉自己真的无法融入。

纸条三：

> 弟弟比我优秀，我觉得父母更爱弟弟，那我在这个家里存在的意义是什么呢？

纸条四：

> 我想迈出家门，可我很害怕出门遇到认识的人问我怎么不去上学，一想到这个，我连家门都不想出去了。

纸条五：

> 我不想让父母失望，但我真的考不出好成绩，我就是个废物！

纸条六：

大学老师同学，我觉得没有人喜欢我……🙁

纸条七：

我什么优点都没有，我觉得自己一无是处！！！

纸条八：

爸妈为了我操这么多心，可我不敢去上学，
我太对不起他们了！

纸条九：

我被最好的朋友背刺了，再也不想交朋友
了。

纸条十：

每次都来问我怎么了！
可是我已告诉他们，他们又根本不在乎我的感受，
还反过来教育我，跟你们说了你们又不懂！！！

看完这些孩子写的纸条后，您是否被这些简短的文字所触动？您可以翻到本书的第一章，重读每个案例的第二部分，这一部分展现了孩子内心的独白。在心理辅导过程中，我经常被孩子们的内心世界所触动。留下这些纸条的孩子，有许多已经离开了校园，这让人感到痛心和惋惜。然而，这些内心独白所传达的声音，不应仅限于艾老师听到，它们更应该被更多的家长听到。

各位家长，您是否听过自己孩子内心深处的独白呢？您可以试着进行角色体验，假如您就是自己的孩子，您又会有什么感受呢？如果让您以自己孩子的身份往"心灵盒子"里留一个纸条，您会写什么内心独白呢？

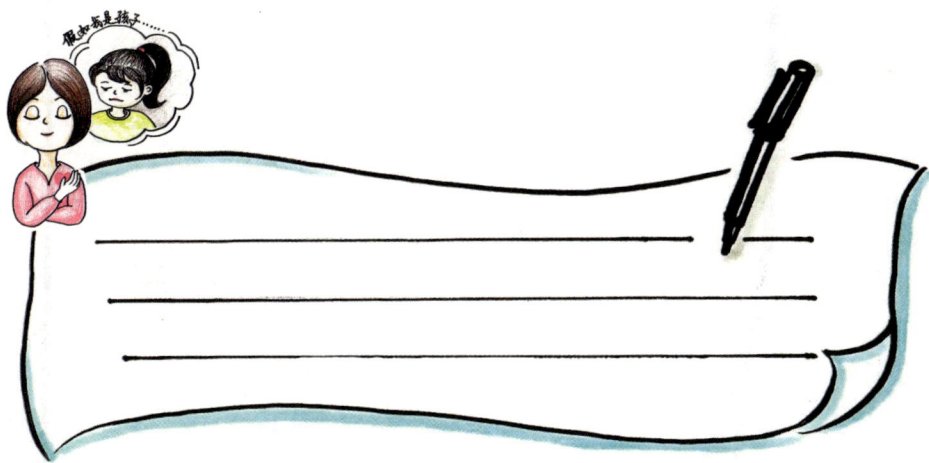

如果您真的看到了自己孩子的内心独白，您此刻有什么感触和想法？请您往"心灵盒子"里投一封信，您会怎么写呢？

我们不仅会发现孩子内心独白的小纸条，还常常听到他们向朋友、老师倾诉："没有人喜欢像我这样的孩子""我就是个废物""我什么都做不好，这样下去将来无法自立"等。每当听到这些，我都会努力去理解并感同身受。我感到心痛，并渴望有机会更深入地了解他们，探索他们的内心世界。只有当我们真正理解他们，我们才有机会获得他们的信任，建立情感的桥梁，并且帮助他们。我猜您现在的心情也和我一样，那么接下来，让我们一起通过这些纸条深入了解那些拒学的孩子究竟经历了怎样的心理挣扎。

二、拒学孩子的心理表现

很多时候，孩子的拒学行为并非表面看起来那么简单，也并非全是对学习的厌恶或懒惰，而是他们内心深处正在经历着巨大的痛苦和挣扎，他们可能感到无助、孤独、恐惧，甚至产生自我怀疑和自我否定。这些负面的情绪像一座座大山，压得他们喘不过气来，让他们无法鼓起勇气去面对学校，去面对那些看似简单却对他们来说难以逾越的挑战。

（一）拒学孩子的内心感受是怎样的

当您看了上面的纸条并试图代入自己孩子的角色后，我相信您已经开始试着去体会和理解孩子的心理感受了。

"我很害怕出门"——焦虑与恐惧

孩子可能因为担心自己学不会、考不好而焦虑，或者因为考不好要挨批评而恐惧。但孩子的焦虑与恐惧不仅来自学习和考试，还可能来自人际关系或者他人的评价，就像第一章第二节《戴着"大帽子"的小谢》这篇文章中为父母冲突而深感焦虑的小谢。还有的孩子因为无法融入班级、没有朋友

而感到焦虑，或者因为做错某件事而一直担心别人是否会嘲笑自己、会如何看待自己而感到焦虑。

"我真的考不出好成绩"——无助感

一些拒学的孩子确实面临着学习上的挑战。尽管他们已经付出了极大的努力，但仍然难以达到预期的学习成绩。您回想看看，第一章第三节《等待那朵花的盛开》这篇文章中的小洁就是因为觉得怎么都"卷"不过其他同学，而对自己非常失望。当看到其他人的努力得到回报时，孩子可能会因为自己怎样努力都无法改变现状而产生一种深深的无助感。

"我太对不起他们了"——内疚

不知道您是否对孩子说过"我这么努力赚钱养你，你竟然不去上学？你对得起我吗？"等类似的话，第一章第一节《她是不是抑郁了》这篇文章中的悠然，就是因为"不上学对家人很内疚"这样的想法，加重了她拒学的心理压力。当孩子处在拒学的状态时，会觉得对不起父母的期望或者对不起他人的关爱等，而此时父母说这样的话更是雪上加霜，让孩子变得更加内疚。

"他们都不懂我"——孤独与被误解

拒学的孩子常常感到孤独，他们觉得周围的人无法理解他们的内心世界，包括父母、老师甚至朋友。他们可能尝试过表达自己的感受，但往往没有得到足够的重视和理解，反而被误解或批评。这种孤独感和被误解的感觉让孩子更加封闭自己，不愿意与他人交流，进一步加剧了他们的拒学行为。

"如果这个世界上没有我，你们都会活得很幸福"——绝望

这句话让我陷入了沉思，我发现自己竟然有些不知所措，难以用语言去准确描述"绝望"这个词。这句话所蕴含的情感是如此复杂而沉重，仿佛一个孩子站在悬崖的边缘，面临着即将坠落的危险，内心充满了恐慌和无助。他拼命地想要抓住些什么，以求得一线生机，然而，当他环顾四周，看到的全是对他而言至关重要的人，却没有任何一个人愿意向他伸出援救之手。这种孤独和被遗弃的感觉，或许就是绝望最真实的写照。

（二）拒学孩子如何看待自己

当您看到孩子在纸条里写"我就是个废物""我一无是处"时，您会觉得孩子是如何看待自己的呢？

消极的自我评价

拒学的孩子往往对自己持有消极、负面的评价，比如即使考了好的成绩也认为自己不够好，即使有很多优点却总是关注自己的缺点和不足，跟他人比较时总是看到自己较弱的一面……话一开口，孩子好像总是说出自我贬低的话，永远都在指责和批评自己。第一章第三节《等待那朵花的盛开》这篇文章中的小洁就是因为觉得自己怎么做都做不到，而对自己失去信心，觉得"自己很没用"。

总是自我否定

拒学的孩子可能会对自己的能力和价值产生怀疑。比如他们总觉得"题目太难了，我一定做不出来""明天要考试了，我一定考得很差吧""这个比赛我还是不要参加了，我肯定不行"等。他们在还没有开始尝试前便否定了自己，

认为自己不行，或者因为一次失败就认为自己一直会失败。

挫败带来的低自尊

拒学的孩子往往在经历一些学习或生活上的挫败后，陷入深深的自责和自卑中。他们可能会因为一次考试失利、一次课堂提问答不上来，或者一次与朋友的小争执，就觉得自己一无是处，自尊心受到严重打击。这种低自尊的状态会让他们更加不愿意面对学习和生活中的挑战，甚至产生逃避和抗拒的心理。他们会觉得自己无论如何努力都无法改变现状，从而陷入一种消极的循环中，无法自拔。

（三）拒学孩子如何面对人际关系

面对拒学问题，您的孩子是否仍能维持健康的人际交往呢？部分拒学孩子在处理人际关系方面存在困扰，他们往往对人际交往持比较悲观的态度。

"我感觉自己真的无法融入"——孤立无援

一些拒学的孩子在学校难以找到真正的朋友，这导致他们常常感到孤独，缺乏对集体的归属感。在面对挑战或感到痛苦时，他们可能会觉得没有人真正关心和理解自己，从而陷入一种孤立无援的困境中，这种感觉会让他们更加难以在学校找到自己的位置。

"再也不想交朋友了"——信任缺失

有些孩子可能在人际交往中遭受过伤害，例如被曾经的好友疏远、朋友在背后议论自己，或者遭遇过只知索取的假朋友，例如第一章第四节《照亮乐喜前行的路》这篇文章中的乐喜，因为这些假朋友而陷入同伴间的信

任危机。这些经历可能在他们心中留下了深刻的烙印，使他们变得难以信任他人，总怀疑别人的诚意。这种对人际关系的不信任感，会让他们在建立新的友谊时变得犹豫不决，甚至选择关闭心扉，避免再次受到伤害。

（四）拒学孩子的内在心理需求是什么

前面纸条中每一句内心独白的背后，都隐藏了孩子们对理解、接纳和关爱的深切渴望。他们希望家长能够真正理解他们的内心感受，而不是仅仅关注他们的行为表现；他们渴望得到家长的接纳，即使自己犯了错误或者做得不够好，也能够感受到家长的爱和支持；他们更需要家长和周围人的关爱，这种关爱不仅仅是物质上的满足，更多的是情感上的陪伴和理解。

"我觉得没有人喜欢我"——渴望被爱

前面提到拒学的孩子可能会感到孤独，不容易建立信任感，但实际上他们是非常渴望得到别人的关注和爱的，正是因为得不到，才会小心翼翼地把自己保护起来。可能有些孩子表面上看起来是一副"我不要你管我""我不稀罕你"的样子，就像第一章第一节《小乖孩不上学了》这篇文章中小乖孩对爸爸发出的大声质疑"这是不可能的事情"，不是因为他不需要爱，而是太需要爱了，所以才发出呐喊。实际上，每个拒学的孩子都希望被爱、被理解，他们希望自己的需求能被看见。因此，家长要对孩子多一些关注和陪伴。

"跟你们说了你们又不懂"——渴望被理解

很多家长都会说"我们家孩子根本不想跟我们沟通"，也有部分家长直接"顺应"孩子的要求，不再试图沟通和理解孩子。请您试着回忆一下，在孩子很小的时候，他也不想跟您沟通吗？小时候的他看到一件新鲜的事物是不是立马拿给您看？孩子希望的不是"不沟

通"，而是希望他说出的话您能真正在意，真正理解他想要表达的内容。

"我在这个家里存在的意义是什么呢"——渴望价值感

您是否曾经听到您的孩子说自己什么都不想干？面对这样的陈述，您是否真的相信他们什么都不在乎？实际上，越是频繁地说出"什么都不想干"的孩子，往往越是缺乏明确的目标和前进的方向。当孩子说"不想干"的时候，往往是对"干不好"的逃避，是一种自我保护的机制。然而，这种逃避恰恰揭示了孩子内心深处对"希望自己能做好""希望自己能发挥价值"的极大渴望。他们渴望被认可，渴望自己的存在和努力能够得到肯定和赞赏。因此，作为家长，我们需要理解孩子这种深层的心理需求，帮助他们找到自己的兴趣和目标，引导他们朝着积极的方向发展，从而让他们感受到自己的价值和意义。

这些孩子内心的呐喊，是对被看见、被听见的深切渴望。他们或许在外表上显得冷漠或疏离，但内心深处却充满了对温暖、理解和接纳的期盼。作为家长，当我们意识到孩子可能正经历着这样的心理挣扎时，首要的任务便是放下成见，以一颗温柔而开放的心去接纳他们。

三、如何增加孩子的改变动机

由此家长可以看到，拒学孩子的内心是煎熬且痛苦的，正是这些负面的感受才导致了孩子的拒学行为。如果我们想帮助孩子改善拒学行为，就不能仅仅盯着让孩子去上学这一点，而是要看到并理解孩子的感受和需求，与孩子建立心与心的联结。

跳出家长的视角与孩子的内心建立联结，对于家长来说是一个挑战，但也是帮助孩子走出困境的重要一步。在此我想问问各位家长，对于上面那些孩子写的纸条，最让您触动的是哪一个呢？如果您是写这张纸条的孩子的家长，您会对他说什么呢？

请将您想对孩子说的话写下来。

相信您现在应该已经理解了孩子的情绪感受。我们之前也收到了许多家长发送来的话，家长们分享了"如何更好地与孩子建立心的联结"的经验，大家都回答得特别好。在此，我将家长们分享的一些"金点子"进行了整理。

（一）侧耳倾听

家长 A：我从来没想过你会是这样的感受，我也一直都觉得我做的一切都是为你好，我做得已经够多了。但直到现在我才意识到你的感受和你的想法，我想对你说声"对不起"，我会认真反思，希望有机会再得到你的信任，我愿意认真聆听你的想法，继续陪你走下去。

家长 B：我之前总嫌弃孩子不愿意跟我讲话，现在我发现了，当我能认真听孩子把话讲完的时候，孩子变得越来越想跟我聊天了。我之后一定要好好听孩子在说什么，做一个耐心的倾听者。

家长 C：其实，孩子往往能敏锐地感受到家长的态度。我之前因为工作忙，孩子跟我讲她在学校发生的事情时，我总是一边工作，一边敷衍地回答，甚至不怎么搭理她。当时我虽然看到了孩子落寞的眼神，心里却想着"应该没什么大不了的吧"，并没有多在意。现在想来，是我忽视了她的感受。如果她还愿意跟我说些什么，我一定放下手头的事情，认真听她说。

家长D：虽然有时候我确实很难只站在孩子的角度去思考问题，对于孩子的想法有时很难理解，但我依然想好好听他讲话。我一定会认真地看着他的眼睛，告诉他我在听。

（二）眼睛关注

家长A：我才发现我没有细心观察过孩子。其实，他的情绪会在不经意间流露出来，是我忽视了他试图传递给我的信号。我会学着去观察他的表情和动作，试着从每一个细节去理解他。

家长B：因为弟弟年龄小，所以我将更多关注放在他身上，妈妈向你道歉。当我把更多关注放回到你身上后，我发现原来你一直在注视着我，试图跟我沟通，希望得到我的认可。对不起，妈妈很后悔。今后我一定会用心去关注你，关注你的进步，关注你的需求。

家长C：我好像是个挑剔的妈妈，总是嫌弃孩子这不行那不好。我总是盯着他身上的不足、不够好的地方，希望他再进一步。但是我忽视了他身上有那么多的优点，我想我应该多关注他好的方面，这才是孩子需要我做的。

（三）嘴巴赞美

家长A：都怪我之前太心急，总觉得孩子跟我说的事情都是小事儿，不重要，每次她还没说完就被我打断了。我现在知道不能打断孩子说话，有些事情在我们看来是小事，在他们眼里却是大事，是很重要的。当我不再试图打断孩子讲话时，我的女儿跟我说："你知道吗，妈妈？我觉得你开始尊重我了。"

家长 B：我总是跟孩子说"教育你是为了你好"，可看了孩子的内心独白后我才知道，原来孩子想要的是我理解他而不是教育他。我也希望做个好爸爸，跟孩子建立好关系。等再跟孩子交流时，我一定不要再高高在上地教育他，我想听听他内心的声音。

家长C：孩子，看到你说自己一无是处的时候，我真的好心疼。我在想，是不是因为我总是挑你的刺，总是说你做得不好，你才会这样看待自己的？其实你有很多优点，你回到家之后会主动帮妈妈打扫卫生，你画画很好，你总是对事物充满好奇……我应该多多关注你的优点，多夸夸你。

（四）用心感受

家长 A：看到纸条上孩子说"爸爸妈妈更爱弟弟"时，我忍不住哭了出来。我们家有两个孩子，我总是跟老大说"你要理解，弟弟还小，爸爸妈妈确实需要花费更多的精力在他身上"，说这句话的时候，我希望我家老大能懂事。可看到这张纸条后，我才知道我家老大有多受伤、多失落。作为妈妈，我应当用心体会孩子的感受。

家长 B：我想先对我的孩子说一句"对不起"。她上次跟我说自己压

力很大的时候，我告诉她"别人都是这样，忍忍就过去了，你难道不想上好高中吗"。当我的孩子不去上学时，我还一直在催促她赶紧回学校上课，却从没有停下来理解她的感受。如果再给我一次机会，我一定会拍着她的后背说："我能感受到你的压力有点大，我们先休息休息吧。"

（五）手拉手合作

家长 A：我总是高高在上地要求、指导孩子怎么做，可是越要求越发现孩子并不想听我的。慢慢地，我才发现自己忽视了孩子的想法和感受。幸好我及时发现并改正了，现在我不再"要求"他做什么，而是"询问"他想做什么，是否需要我的帮助，我发现他现在做得比我要求的时候要好得多。

家长 B：之前孩子跟我说"你一点也不懂我"时，我感觉很受伤，我是她的妈妈，怎么可能不懂她？跟艾老师沟通后我才发现，当孩子说出那句话的时候，最受伤的其实是她。她因为我没有支持和理解她而难过、失望。自那以后，我会尊重她的想法，她需要帮助时尽力帮助她，现在我们的关系亲近了很多。

以上家长的这些话其实都说得很好，比如要专注、认真地倾听孩子讲话，要多关注孩子的优势，用心体会和理解孩子的内心感受，尊重孩子的想法并给孩子提供支持等。相信您也可以通过以上方法，更好地走进孩子的内心，与他们建立联结，帮助他们走出困境。请您记住，比起技术和方法，没有什么比您给予他们足够的支持和关爱更重要。

除了上述提到的"金点子"，还有一些家长分享了更多实践中的小技巧。比如，有家长提到，他们会定期举行家庭会议，让孩子参与到家庭决策中来，这不仅让孩子感受到被尊重，也增强了他的责任感和归属感。

另一位家长则分享了他如何利用和孩子共同的兴趣爱好来增进亲子关系。他发现孩子喜欢画画，于是就和孩子一起参加绘画班，这样既能陪伴孩子，又能了解孩子的兴趣和想法，亲子关系也变得更加紧密。

还有家长强调了在日常生活中寻找机会与孩子进行肢体接触的重要性，比如一个拥抱、一次牵手散步，这些简单的动作都能让孩子感受到家长的爱和关心。

这些"金点子"和实践技巧都展现了家长在理解孩子、与孩子建立心的联结方面的重要作用。通过倾听、观察、赞美、感受和支持，家长可以更好地走进孩子的内心世界，助力他们健康成长。同时，这也提醒我们，作为家长，要时刻保持开放的心态，努力学习和尝试新的方法，以更好地适应孩子的成长需求。

智慧之光——
心理老师的观察与思考

一、艾老师眼里的"小米"

细心的读者可能已经注意到，在第一章的每个案例中，我们都按照四个部分对学生的拒学问题进行了细致的分析，这就是我们在帮助许多拒学学生的过程中提出的拒学干预校园"I"计划的四个视角。从本章开始，我们将对这四个部分逐一进行介绍。

让我们先看一张图片，直观地感受一下拒学行为背后的复杂关系。

图一 校园"I"计划的四视角模型之一

大家可以回忆一下第一章案例部分的阅读体验，呈现案例的第一部分都是从家长（或老师、学生）的视角出发进行叙述的。例如，"石破天惊的电话""寻找救命稻草的妈妈""忧心忡忡的张老师"等，这些视角让我们直观感受到了家长或老师的焦虑、无助和困惑。家长们常常提出这样的疑问：孩子为何不愿上学？他是否假装生病？他究竟遇到了什么问题？这一系列问题，在视角①中得到了集中展现（如图一所示）。具体而言，视角①涵盖了家长（老师、同学）对于出现拒学问题的学生及其行为的感受、态度和想法。读到这里，您是否对前面所有案例的理解变得更加清晰了呢？

接下来，为了帮助家长拨开拒学问题的表象，理解"小米"（本篇章提到的"小米"并非特指某一个拒学学生，而是我们对全部拒学学生的统一称呼，是对于拒学学生"me"状态的一种表达）的真实感受和想法，我们加入了第二个视角，就是"小米"如何看待自己的拒学问题。这一部分，我们通过"小米"的自述，了解了他真实的内心世界，他对于不想去上学的真实想法。在"小米"的叙述中，我们看到了一个与家长视角截然不同的故事，这让我们更加深入地了解了拒学问题的复杂性。如图一视角②的呈现，无疑给家长展示了一个走进孩子的机会，听到拒学表象之下所掩盖的孩子内心深处的声音。我相信，当您看到很多孩子都像"小米"一样，在内心深处有自己的挣扎和困惑时，您会更加理解他们，也会更加愿意尝试去帮助他们。

随着前面对视角①和视角②的解读，家长也逐渐理解了孩子的部分感受。那么接下来，本章我们将走进第三个视角，跟随艾老师去看看专业的心理老师到底是如何解读"小米"的拒学问题的。艾老师会从哪些角度深入分析拒学问题？"小米"的拒学行为是怎么来的呢？

先不要着急，我想先邀请您一起走进小婉的故事。

◆ "要求不高"的妈妈和"高要求"的孩子

"艾老师，我真的对她没有多高的要求，是她自己对自己要求太高了！"

我看着面前情绪激动的小婉妈妈，对她说的话有些难以置信。倒不是说我认为她在撒谎或者刻意回避，而是这位母亲根本没有意识到女儿对自己的高要求是怎么来的。

小婉因为学习压力过大主动找我进行辅导，在辅导过程中我了解到她因压力过大采取过自伤行为，我第一时间与她的班主任沟通，并联系了她的家长。小婉的妈妈接到我的电话后就火急火燎地赶到学校，看起来就很为孩子的情况担心。

在沟通中，小婉的妈妈特别耐心地听取了我和班主任给出的建议，表示会给孩子减一减课业任务，不对孩子的学业成绩做过高要求，帮助孩子缓解学习压力。随之我又听到小婉的妈妈说："老师，我们家这个孩子吧，是她对自己的要求太高了，我跟她爸爸都没有对她的学习有太高的要求。她考多少分，我们都是能接受的，从来都是这样跟她说的。"

我张了张嘴，想说些什么，可我想有些话说得过早可能也不会发挥相应的作用，不如再等等。

之后，小婉照例来找我进行心理辅导，在我问到妈妈有什么改变时，小敏说："她说不给我压力，让我放松，可又总是说'你抓紧时间调整，调整好了快点跟上学习节奏，要不怎么考得上重点高中'。我上次英语只考了117分，我妈妈说'没事，咱一步步来，下次测试先上120分，到期中上130分，期末就能上140分'。她每次都这么说，我丝毫没感到放松，她还是在不断地要求我！"

　　到下一次家长会谈时，我把这番话反馈给了小婉的妈妈，询问她有何感受。她这才意识到自己的言语导致小婉对自我的高要求。像这样的评价和要求，因为不停地出现，而逐渐被小婉接收，内化成自己的观念，最终演变成她不敢对自己放松要求，因为一旦达不到父母的高要求，唠叨、批评、指责便会铺天盖地向她袭来。

　　因此，我希望所有父母都能够意识到，孩子身上那些阻碍他们成长的部分，其实与养育者的态度、教育方式有很大关系，家长不能以局外人的身份去批评孩子"为什么不能做到"，而是要看到孩子的内心世界并理解孩子，推动孩子健康成长。

　　在小婉的故事中，视角①是小婉的妈妈觉得自己并没有对孩子有过高要求，是孩子自己要求过高，学习压力大也是孩子自己的问题。视角②是小婉感受到妈妈"步步紧逼"的唠叨带来的学习压力，因而产生很大的情绪困扰，甚至用自伤的方式进行自我宣泄。而视角③则要从专业的角度来分析小婉的拒学问题，实际上小婉的妈妈在潜移默化中无时无刻不在向小婉传递对成绩的高要求，这一要求被小婉"内化"后，小婉在面对学习时便变得精神紧绷、不敢松懈，从而产生了很大的学习压力，甚至对自己的学习能力产生怀疑，变得不自信。

　　在此，我先解释下"内化"的含义。简单来说，就是孩子逐渐把父母对自己的评价和期望，变成自己对自己的评价和期望。比如，刚开始练习写字的孩子，原本觉得自己的字写得很不错，拿去给父母看时，父母却告诉孩子说"你的字写得太差了"，当父母不断重复地说"你的字真丑""你写得不够好看"等类似的话，久而久之，孩子就会觉得自己的字写得很差，这就是内化的过程。

我期待借助小婉的案例，向家长们阐述一个观点：在对待拒学孩子的问题上，我们的认知很多时候存在偏差，这种偏差与人们通常的理解大相径庭。作为专业的心理老师，我必须指出，这并非意味着家长在处理这类问题时存在过错或能力不足，而是反映出家长对拒学问题的确不够了解。因此，我诚挚地希望通过艾老师的专业视角，能与各位家长一同审视，发现对拒学问题的认知偏差。希望我们不仅能够更深入地理解拒学孩子所面临的困境，还能更准确地把握孩子拒学行为背后的深层次原因。

一切改变从专业的眼光开始。孩子已经出现拒学行为，我们无法改变这一现实，但我们能够改变我们看待问题的方法和角度。视角③启示我们，跟随艾老师，从心理老师的专业角度出发，重新审视问题，深入探究"小米"拒学问题的深层原因。

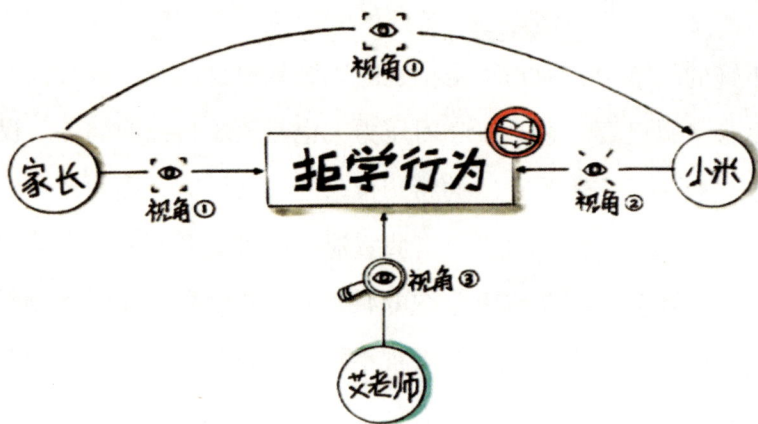

图二　校园"I"计划的四视角模型之二

二、艾老师解读厌学、拒学的成因

（一）校园"I"计划拒学成因分析模型

我在工作中，经常被家长问到的问题是：我的孩子到底为什么不想上学？很多家长都迫切想要知道这个核心问题的答案。如果您已经坚持读到这里，那恭喜您，您已经触及拒学问题的核心。然而，有时候我们也无法快速找到原因，每个孩子的拒学行为背后都有非常复杂的心理机制和环境因素在起作用。但别担心，接下来，艾老师将用专业知识和丰富经验，为您逐一剖析这些成因。

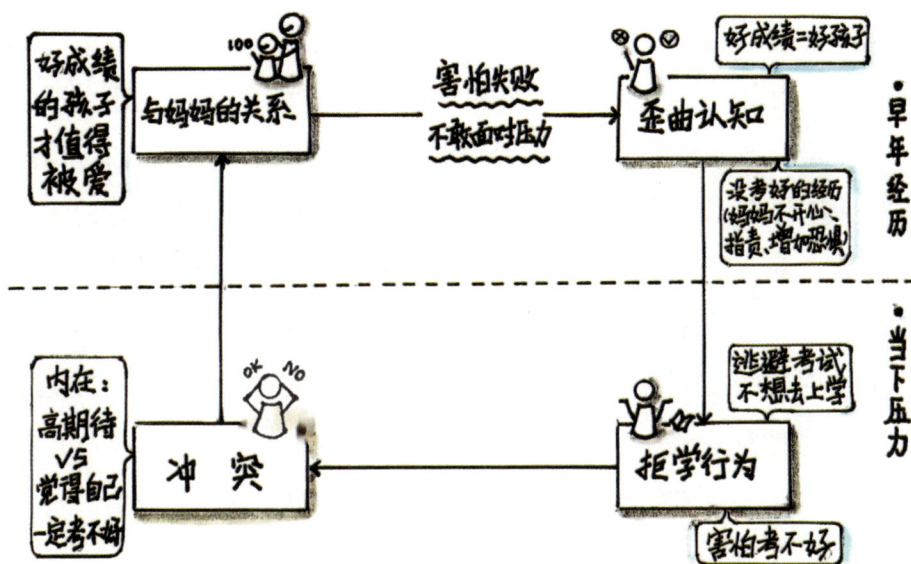

图三　拒学成因分析模型

我先给您举一个简单的例子，用来说明拒学行为形成的心理机制，如图三所示。我认识一个学生，他在面对考试时容易出现拒学行为，一到考试的时候就不想来学校。我们如何来理解他的拒学行为呢？

首先，他的拒学行为是逃避考试，一到考试的时候就非常焦虑和害怕，担心自己考不好，而自己又无法应对这种压力，因此不想上学，这一拒学行为背后是受其内在冲突影响的。在他心里，如果考不到理想的分数，那就是极度糟糕和可怕的事情，后果不堪设想。然而，他妈妈对他的成绩又有非常高的期待，是他现在难以达到的，因此在他心里就产生了一个极其冲突的矛盾——想考个妈妈满意的成绩，但是现实中自己做不到。通常，拒学学生的内心可能不止一种冲突，今天我选择一种最容易理解的为大家进行解释，以便大家更好地理解。

顺着这个思路，我们继续探寻，请沿着图三的箭头继续往下思考，孩子的这种内在冲突是如何形成的呢？这与孩子幼年时与养育者的关系有关。比如，这个孩子在成长过程中，他的妈妈有意无意地表达出对学习的高期望，并且通过一些语言或者非语言的方式向他传达对成绩的态度，如"好成绩的孩子才值得被爱"。妈妈传达出的态度会让孩子的内在深层结构受损，会让他不敢面对压力，特别害怕失败，从而影响他的自我价值感。他会觉得，如果学习成绩不好，自己就不值得被爱，只有考出好成绩才是好孩子。这种深层的恐惧和不安在孩子心中逐渐积累，形成对学习的一个歪曲认知，这种认知会增加孩子对于此类问题的易感性。

而在过往的经历中，他有一次没考好，他的妈妈非常明显地表现出不开心，指责他没有尽力，这次以后，只要考不好他就会感到害怕。几次同样的经历会进一步加深他对学习失败的恐惧，也会让他更加坚信，只有考出好成绩，才能得到妈妈的认可和喜爱。

这种由早年关系受损带来的歪曲认知、深层恐惧，会在孩子遇到当下学习压力时被激活，比如即将到来的考试，就会引发孩子强烈的恐惧。当这种恐惧达到孩子无法承受的程度时，他就会选择逃避的方式去应对，其实这是他自我保护的一种方式。于是，整个问题就形成了一个拒学行为出现的闭环，"一到考试就不想上学"这一行为问题就被固化留存下来了，或者慢慢积累，引发出更多的问题。

因此，我们可以看到，拒学行为并非一蹴而就，而是由孩子的内在冲突、早年关系受损、深层恐惧、

歪曲认知以及触发具体情境等多个因素共同作用的结果。这也是为什么我们总是强调，在处理拒学问题时，我们需要从多个角度去理解和分析，不能简单地将责任归咎于孩子。

从刚才的例子中我们可以看到，拒学行为并不是孩子单纯地不想上学，而是其内心深处复杂情感和心理冲突的外在表现。要解决这个问题，就需要我们深入了解孩子的内心世界，帮助他们重建自我价值感，学会正确面对学习压力和失败，从而逐步克服拒学行为。

通过上面这个例子，清楚地解释了拒学问题出现的深层原因，这就是我们在应对拒学问题的过程中提出的"校园'I'计划拒学成因分析模型"，如图四所示。通过上面案例的详细分析，您是不是已经对拒学问题有了更深入的理解呢？那么，我们再对照这个模型重新梳理一遍。

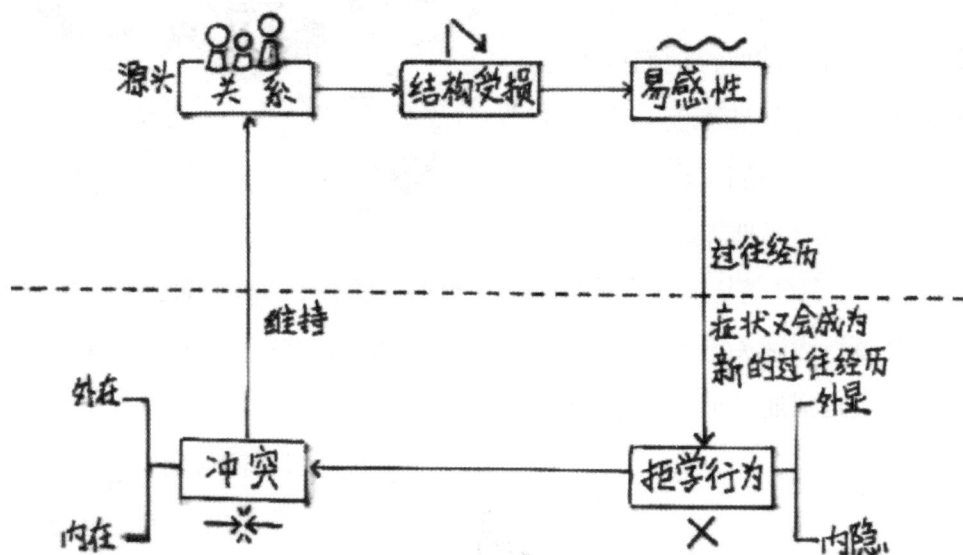

图四 校园"I"计划拒学成因分析模型

拒学行为是内在冲突的外显。内在冲突，通常源于孩子对自我价值的认知与外界期望之间的不匹配。这种不匹配，可能是由于家庭、学校或社会等外部环境的高期望与孩子自身能力或意愿之间的差距产生的。当孩子感知到这种差距，并感到无法跨越时，他们可能会选择逃避，拒学行为便是这种逃避心理的一种外在表现。

在图四的模型中，我们可以看到，除了内在冲突，拒学行为的形成还涉及其他几个关键因素。其中，早年关系受损是一个重要的基础因素。它通常指孩子在成长过程中，与其主要养育者（如父母）之间的关系出现了问题，如缺乏关爱、过度批评或期望过高等。这些问题会导致孩子的自我认识功能受损，认为自己没有能力获得一些积极的品质或者内在的力量，也就是"I"的结构受损，并形成歪曲的认知模式，如"我不够好""我必须完美才能得到爱"等。

这些歪曲的认知模式，会进一步影响孩子的自我价值感和应对压力的方式。当孩子面临学习压力或其他挑战时，他们可能会更加焦虑、恐惧和不安。这种情绪状态会加剧他们对失败的恐惧，从而更容易选择逃避。

此外，具体情境的触发也是拒学行为形成的一个重要因素，包括考试、学校环境、人际关系等方面的压力。当孩子感到这些压力无法承受时，他们可能会选择通过拒学来逃避这些压力。

拒学问题是孩子自我意识与父母意志对抗的外显。在这个对抗的过程中，孩子可能会经历一系列的挣扎和痛苦。他们试图寻找自己的声音，表达自己的需求，但在强大的外界期望和压力面前，这些声音往往被淹没或忽视。因此，拒学行为是他们表达不满和反抗的一种方式，尽管这种方式可能并不是最有效的，但也是有其积极功能的。比如，"我不是因为学不好而不去上学，而是因为生病了不得不留在家里休息"，这种"借口"对孩子和家长来说，都是比较容易接受的。因此，孩子会慢慢习得特殊的应对对抗的外显行为，或者出现一些躯体化症状，如头痛、胃痛等，或者出现难以处理的情绪问题，从而以看似"合理"的理由、"正当"的方式，实现自己不去上学的"愿望"。

校园"I"计划拒学成因分析模型为我们提供了一个全面、深入的框架，用以理解和分析拒学问题的根源。模型中的每一个要素都相互关联，共同影响着拒学行为的形成。内在冲突、早年关系受损、歪曲认知以及具体情境的触发，这些因素相互交织，形成了一个复杂的网络。要解开这个网络，就需要我们具备专业的知识和丰富的经验，以便能够准确地识别问题的关键所在，而非只看到问题的表象。

（二）导致孩子拒学的四种因素

通过校园"I"计划拒学成因分析模型我们可以看到，拒学行为并非孤立存在，而是孩子内心世界与外界环境相互作用的结果。因此，在解决拒学问题时，我们需要采取综合性的方法，从多个角度出发，共同作用于核心问题。读到这里，大家可能要问：导致孩子拒学的因素究竟有哪些呢？让我们继续来看一看。

1. 自我迷失——孩子处于"me"状态

外在评价的影响：孩子如果过于依赖外在评价（如家长、老师、同学的评价）来建立自我价值感，那么当外在评价负面时，孩子可能会产生自卑、恐惧等情绪，进而影响学习动力。

太在意别人的看法：有些孩子特别在意别人怎么看自己，别人说他们一句不好，他们就会难过好久。这样的孩子很容易因为一次考试没考好，就觉得自己不行，不想上学了。

自我认同的缺失：当孩子没有形成稳定的自我认同，缺乏内在的生命主轴（即明确的人生目标和价值观）时，他们可能会因为一次考试失利、一次批评等小事而陷入自我怀疑和自我否定，从而产生拒学行为。

不知道自己想要什么：有些孩子没有明确的目标，不知道自己想要什么。他们可能会因为一次失败就觉得自己一无是处，对未来失去信心。

2. 家庭微生态——拒学问题的隐秘角落

家长的期望与压力：家长的高期望和过度关注可能会给孩子带来巨大的心理压力，使孩子感到无法承受。有时候家长的期望过高，孩子会觉得压力过大。这种压力会让孩子喘不过气来，甚至产生厌学情绪。

家庭氛围与亲子关系：家庭氛围紧张、亲子关系不良也会对孩子的心理产生负面影响，使孩子感到孤独、无助，缺乏学习的动力。他们可能会觉得家里没有温暖，不想待在家里，也不想上学。

3. 个人特质与易感性——拒学的内在动因

个人特质：每个孩子都有自己的性格特点和心理特质。一些孩子天生比较敏感，对情感有敏锐的捕捉能力，他们更容易受到外界环境的影响，产生情绪波动。

易感性：易感性特质的孩子在面对压力时，更容易产生焦虑、抑郁等情绪，遇到一点小事可能就承受不了。比如一次考试没考好，就可能会让他们陷入自我怀疑和自我否定中，从而产生厌学情绪。

4. 逆境挑战与韧性缺失：家庭教育的软肋

学业困难：当孩子在学习上遇到困难，如知识点掌握不牢、学习方法不当等，可能会产生挫败感。其实，孩子在学习上遇到困难很正常，但如果这些困难一直得不到解决，孩子可能会觉得学习很枯燥、很困难，进而产生厌学情绪。

挫败感的累积：如果孩子在学习上多次受挫，又没有得到有效的帮助和支持，这些挫败感逐渐累积，最终导致厌学情绪的产生。

三、如何唤醒孩子的内在力量

拒学问题的复杂性让很多家长焦虑，也让很多教育工作者担忧。作为一名心理教师，我创立了针对厌学、拒学问题的"校园'I'计划模型"，其中就包括我们在这里要呈现给大家的厌学、拒学问题"四视角"分析法。

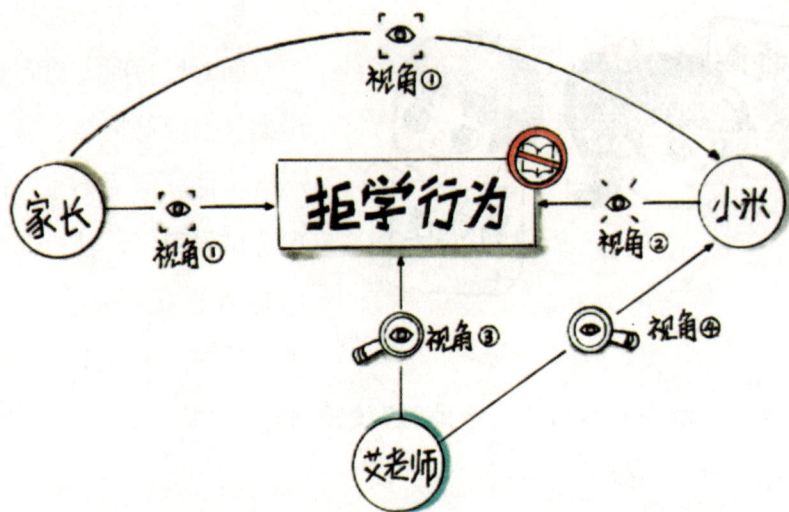

图五　校园"I"计划的四视角模型之三

如图五所示，"小米"象征那些拒学学生，"家长"实际上涵盖了家长、老师、同学等非专业人士，而"艾老师"则代表着专职心理教师等专业人员。视角①指的是非专业人士看待孩子拒学行为的态度和对待拒学孩子的方式；视角②指的是拒学孩子的内在心理感受；视角③指的是专业人士看待孩子拒学行为的态度，即理解孩子拒学的深层原因；视角④指的是专业人士的科学干预方式。

我们希望通过这四个视角的切换，帮助家长更全面地理解拒学孩子的内心世界，以及他们所处的外部环境，从而为他们提供更有效的帮助。

第一章的每个案例都是依据这四个视角展开的，那为什么我们选择从不同视角呈现孩子的拒学问题呢？首先，尽管拒学行为是孩子的行为，但是在面对这件事时，就会牵扯到家长和学校的老师等其他相关人员。因而，拒学行为不是孩子一个人要面对的事情，我们必须考虑不同的主体对这件事的态度和看法。

其次，不同的态度和看法意味着不同的对待方式，而不同的对待方式则产生不同的结果。比如，当家长认为孩子的学习压力是假装的（视角①），他就会忽视孩子的巨大压力而逼迫孩子去上学（视角①），而孩子在承受巨大压力的同时还要面对家长的不理解和逼迫（视角②），更有可能选择逃避在家以及不想跟家长倾诉自己的感受（拒学行为），从而加重拒学问题，或导致拒学问题恶化。当学校的专职心理老师（艾老师）能够理解孩子的压力和痛苦（视角③），对孩子采取科学的干预方式时（视角④），孩子便能够表达出内心的真实想法，拒学行为才能真正找到突破口（发生变化）。

　　所以我们希望，家长可以从视角①（即原本的态度和对待方式）逐渐向视角③（理解拒学原因）和视角④（科学的干预）转变，学校的老师和同学也能够从视角①向视角③和视角④靠近，真正理解拒学孩子的内心世界。当我们都能从正确的视角去理解拒学问题时，才能构建起一个更加全

面的支持网络，帮助拒学孩子走出困境，重拾对学习和生活的热情。

同时，我们期待通过四个视角的切换和分析，能够协助更多的教育工作者和社会各界人士更全面地理解拒学问题，并为拒学孩子提供更有效的教育及干预策略，希望校园"I"计划四视角模型能够成为您解决拒学问题的有力工具。

或许在阅读了本章之后，您对结构模型有了更全面的理解，但仍然感到困惑。我们已经了解了孩子拒学的原因，那么我们应该如何应对呢？接下来，让我们一起翻开下一章，看看艾老师是如何与孩子互动的。

破局之道——
专业视角下的干预策略

一、看到新的"小米"

在深入了解孩子拒学行为的根本原因之后，您可能迫切希望掌握解决拒学问题的方法，那我们将从这里进入视角④——如何看到新的"小米"。在拒学研究早期，我们在走进"小米"的过程、干预模式的建立等方面，都面临着诸多挑战，对于干预策略和流程也有很多困惑。但是，随着理论与实践的不断积累以及辅导案例的反复验证，通过归纳、提炼和升华，我们最终创新性地提出了——校园"I"计划拒学干预四步法。

下面让我们一起跟随艾老师的脚步，走进校园"I"计划，先通过"联结"和"希望"这前两个步骤，去看看艾老师如何与"小米"产生联结，帮助"小米"获得希望，让我们看到新的"小米"。

（一）联结——和"me"一起去"攀岩"

联结就是不论孩子面对拒学时出现的是什么情绪，作为家长，都愿意牵起孩子的手，和他站在同一高度和同一位置，共情他的感受，理解他的想法，与他建立起最稳固的关系，走进他的内心。说得形象一点，就像陪他一起去"攀岩"，这是"干预四阶段"中非常重要的第一步。

稳定感是底线，安全感是前提。这一阶段的目的是拉近与孩子的距离，增加孩子的安全感和信任感，与孩子建立起安全、稳定的共同应对拒学问题的同盟关系。联结的主要任务是能够共情，理解孩子的内在情绪感受，涵容消极情绪，欣赏积极情绪。

1. 如何建立同盟关系

您可以回顾第一章第一节"联结"部分的几个案例，艾老师从案例中呈现了如何与孩子共情，如何与孩子建立安全稳定的关系，您可以从以下几个方面进行尝试：

（1）学会积极倾听，避免评判

如果家长能用共情的方式与孩子沟通，那就是建立联结的第一步。对于出现拒学问题的孩子，家长更需要耐心和理解，积极倾听孩子的想法和感受，而不是急于下结论或评判。通过倾听，家长可以更好地了解孩子的内心世界，找到问题的根源，从而采取有效的措施。

（2）不将自己的焦虑传递给孩子

家长在面对孩子的拒学问题时，往往会感到焦虑和压力。然而，这些负面情绪很容易传递给孩子，进一步加剧孩子的拒学情绪。因此，家长需要学会控制自己的情绪，保持冷静和理性，避免将个人的焦虑情绪传递给孩子。家长与孩子共同面对问题，可以帮助孩子树立信心，克服学习上的困难。

（3）不可强制惩罚或过度保护

对于拒学的孩子，家长应该避免采取强制性的惩罚措施，因为这可能会让孩子更加叛逆和抗拒学习。同时，过度保护孩子也会剥夺他们独立解决问题的机会，不利于孩子的成长。家长应该采取温和而坚定的方式，引

导孩子认识到学习的重要性，并帮助他们建立正确的学习态度和价值观。

（4）从孩子感兴趣的内容出发

针对拒学的孩子，家长更需要从他们的兴趣点入手，激发他们的学习热情。通过了解孩子的兴趣爱好，家长可以找到与孩子沟通的桥梁，让孩子在轻松愉快的氛围中学习。同时，家长还可以鼓励孩子尝试新事物，拓宽他们的视野和知识面，培养他们的探索精神和创造力。

或许您还是不知如何与孩子谈话，好像一开口就只有学习。这也是很多家长平时与孩子沟通的一个误区，孩子无论聊什么，家长最后都能扯到学习上来。

孩子：我们班今天发生了一件有趣的事……

家长：今天作业多不多？

孩子：我新换了一个同桌，他……

家长：那他学习咋样啊？

孩子：我喜欢看的动漫今天更新了，一会儿我想……

家长：你今天作业写完了吗？

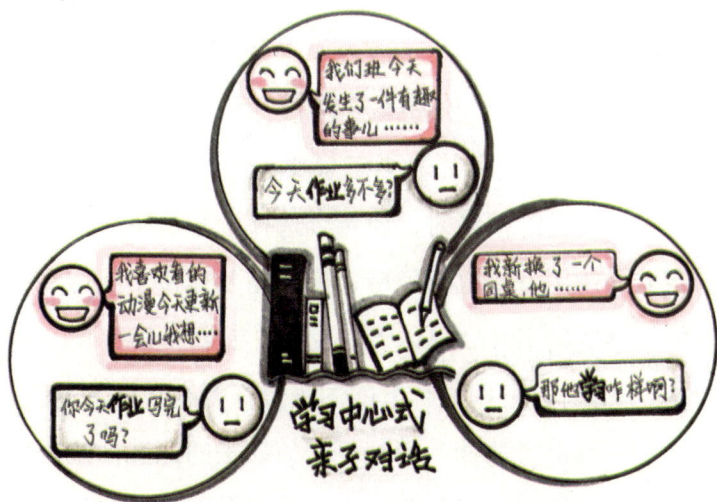

希望您能回想一下，自己跟孩子的关系和互动是否也处在这样一种以学习为中心的状态？如果家长与孩子的谈话只围绕学习这一个话题，就意味着您远离了孩子的真实内心，断开了与孩子的联结。想要与孩子建立联结，家长就必须走进孩子丰富的内在世界——顺着孩子感兴趣的话题聊。

有的家长在这方面就做得很好。有孩子跟我说，他喜欢拍摄飞机，于是他的爸爸便会陪着他一起查航班信息，开车载他去机场。还有的孩子喜欢看动漫，她的妈妈便会给她买手办，支持她去参加漫展等。这些都是跟孩子建立了良好联结的家长。如果您在跟孩子沟通时不知道如何开口，不妨从询问孩子感兴趣的事情出发，无论孩子喜欢的是什么，都要用积极的态度去回应，不批评、不贬低，慢慢地，您与孩子之间的联结便会建立起来。

2. 汇心情绪卡的使用

在第一章悠然、文谦和乐喜的案例中，艾老师都使用了一项工具——汇心情绪卡。这是我们研究团队的一位专职心理教师的手绘作品，除了可以用来帮助孩子识别、察觉和理解情绪，对家长理解孩子的情绪也大有帮助。

汇心情绪卡的使用方式如下：

（1）了解当下情绪

家长可以在很多与孩子沟通的场景中使用汇心情绪卡。汇心情绪卡一共包含6类情绪，共72张卡片。当您想要了解孩子的情绪感受，或者孩子无法用语言表达自己的情绪时，便可以选择汇心情绪卡。

汇心情绪卡的使用方式也很简单，您只需要让孩子从这些卡片中选出最符合自己情绪感受的卡片就可以了。汇心情绪卡为双面卡，一面是文字，一面是图片。孩子既可以根据图片上的图画选择符合自己情绪感受的卡片，也可以根据文字一面进行选择。图画更能与孩子的深层情绪进行联结，更适合那些识字不多的孩子或者在情绪识别方面有困难的孩子。

6类情绪（图卡与字卡）

情绪感受卡（图卡与字卡）

（2）了解情绪等级

在汇心情绪卡的套盒里，还有一张彩色的情绪感受温度计，从1~10分表示情绪的强烈程度，情绪感受程度由低到高（颜色由黄色逐渐变褐色）。在这张情绪温度计上，"1"表示情绪处于极其微弱的状态，而"10"则表示情绪处于非常强烈的状态。

如果您的孩子选择了一张情绪卡片，可以让孩子将情绪卡片放置在情绪感受温度计对应的情绪分数上，然后您和孩子可以就孩子选择的卡片和对应的情绪等级展开讨论。

（3）了解情绪变化

情绪是复杂且多变的，即使面对同一件事情，孩子也会有多种情绪体验。我们不仅可以用汇心情绪卡来了解孩子当下的情绪，还可以了解孩子期望的情绪变化。

①情绪类型变化

如果孩子原本选择的是消极情绪，家长可以做积极的提问和引导："我理解你现在可能有些……，如果可以的话，你更希望自己拥有哪种情绪？"从而让孩子选出自己期望获得的情绪感受。

②情绪程度变化

如果孩子选择的是消极情绪，家长在了解孩子的情绪等级后，可以这样问孩子："你希望这个情绪分数降到几级呢？"如果孩子选择的是积极情绪，但情绪等级不高时，家长也可以做正向引导："你希望这个情绪分数提升到几级呢？"

（二）希望——寻找专属的"I"期待

如果家长能够与孩子建立积极的联结，那么，下一步便是陪孩子找到他的希望，也就是目标。希望是"干预四阶段"的第二步，这一阶段的目的是帮助孩子找到自己内在的目标，激发孩子的真实期待。主要任务是撤除外界强加在孩子身上的期望，看到孩子真实的需要和目标。

1. 陪孩子做他想做的事

首先，请家长做一下自我觉察。您是否肯定、支持、帮助孩子实现想做的事情或者定下的目标呢？我见过不少这样的家长，他们常常无法做到，放在生活场景中大概是这样：

孩子：我想考 xx 大学。

家长：别做梦了！你哪里考得上？

孩子：我以后想当化妆师。

家长：这哪是什么正经工作？不如好好读书考个好大学！

孩子：同学说新上映的电影可好看了，我也想去看。

家长：看这个有什么用？不如看看书！

　　就像我原来辅导过的一个学生——小阳，他特别喜欢小动物，就想养一只小狗，父母却怎么都不同意，小阳因此与父母产生了很大的矛盾。除了否认孩子自己的目标，家长还容易有意无意地把自己的期望强加在孩子身上，让孩子按照他们的意愿行事。但是，有目标才有动力，如果不是孩子真正想做的事情，他们又哪里会有动力去完成这件事呢？

　　因此，希望家长能试着减少对孩子的"控制"，允许孩子按自己的意愿去做事，当孩子有自己的目标时，才会激发出前进的动力，对未来充满希望。

2. 催生出"I"的希望

　　当然，有的时候家长之所以会否定孩子的目标，替孩子改变目标，是因为他们觉察到孩子的目标里有不合理的部分，从而坚定地认为自己为孩子制订的目标才是最好的目标。有些家长也会通过各种方式，有意无意地把他们制订的目标灌输给孩子。

　　我曾经在听一节心理公开课时，听到一个小女孩在课上这么说："我长大后想成为一名公务员，因为爸爸妈妈说公务员是'铁饭碗'。"那是一个五年级的女生，尚不理解公务员的意义，就因为父母的观念而想要成为一名公务员，这就是孩子心中常出现的典型的"他希望"。所谓"他希望"，指的是外界和他人（特别是父母）的希望无意识地影响到了孩子，从而让孩子以此为目标，而不敢表达自己真正的"I希望"（"I希望"指的是孩子发自内心、真正想要达成的目标，这个目标可能与外界期望有所不同，却是孩子发自内心的"成长的希望""正在进行的希望"和"积极正向的希望"），典型的表现就是孩子把父母的期望作为自己的目标。

如果孩子自我发育不够成熟，或者当父母的"他希望"与孩子内在的"I希望"产生冲突时，孩子容易出现回避、退缩、不愿自己努力和改变的状况，这就是"me希望"。孩子可能会出现怎样的"me希望"呢？我想请您先回顾前面的案例。

在第一章第二节《总是请病假的小皓》这篇文章中，小皓不想上学、请病假就是一种"me希望"，反映的是小皓在面对困难和挫折时的退缩心理；在第一章第二节《戴着"大帽子"的小谢》这篇文章中，小谢不想让父母离婚也是一种"me希望"，反映的是小谢不想接受和适应改变，希望维持原有的舒适圈；在第一章第二节《像小孩儿一样的初中生》这篇文章中，文谦希望别人不要讽刺他也是一种"me希望"，反映的是他希望通过他人和环境的改变来达成自己的目的，无需自己努力。

像这样的"me希望"虽然看似合理，但背后都隐藏着真正的希望（I希望）。小皓的"I希望"其实是希望表现优秀，被他人认可；小谢的"I希望"是获得安全感；文谦的"I希望"是提高情绪管理能力，面对他人的不善言语时可以不受伤害。我们要做的就是不把我们的"他希望"强加给孩子，从孩子表达的"me希望"中，正确辨析并帮助孩子找到"I希望"。

从上面的几个案例中，我们也可以看出"I希望"具有真实性、内在性和积极性。真实性体现在它是孩子内心真正渴望的目标，而非外界强加或模仿而来；内在性则表现为它是孩子自我成长和发展的动力源泉，能够激发孩子内在的潜能和动力；积极性则是它指向成长、进步和向上的方向，能够引领孩子不断前行。

在区分了"他希望""me希望"和"I希望"之后，我们需要做的便是激发孩子发现并坚定自己的"I希望"，这样不仅能够帮助他们找到内在的动力和目标，还能够激发他们的积极性和创造力。前面提到的那位在心理公开课上发言的女孩，在这堂课的最后，她改变了自己对未来的期望："父母想让我成为一名公务员，可是我喜欢画画，我更想成为一名服装设计师。"在这个故事中您可以看到，"成为公务员"就是"他希望"，"成为服装设计师"才是她自己的"I希望"。这节心理公开课非常成功，能在短短一节课中就帮助这个女孩完成从"他希望"到"I希望"的转化。

那么，我们如何激发孩子的"I希望"呢？在前面的案例中均有提及，在这里我再总结几点：

（1）充分尊重孩子的想法

哪怕孩子的想法与您的期待不一致，或者孩子的想法目前看起来不合理，也不要急着否定，因为这是孩子的真实期望，是他成长的动力。

（2）接纳孩子那些退缩性的希望

当孩子在困难面前退缩时，家长往往会很焦虑、着急，然后推着孩子去面对、去改变，或许有时推一把是有用的，但当困难太大时，这样的逼迫往往会让孩子更加退缩。这时，家长需要接纳孩子暂时退缩的状态，接纳带来的安全感才可能让孩子去成长和改变。

（3）放弃塑造理想孩子的愿望

面对拒学的孩子，家长常期望孩子能迅速克服障碍，重返校园，成为理想中的孩子。然而，每个孩子都是独一无二的，有自己的成长节奏。家长应尊重孩子的差异性，放弃塑造理想孩子的想法。

最后，艾老师还得提醒您，哪怕孩子的"I希望"存在一些不合理的部分，比如这个积极正向的目标太大、太空、不切实际。这个时候，家长不要先否定，要试着引导孩子将这个"I希望"再进一步变得具体、可行一些。具体的转化方法您可以参考第一章第二节《像小孩儿一样的初中生》的案例。

二、"I"计划——让"小米"开始改变

通过前面"联结"和"希望"两个环节，可以与"小米"建立起稳定安全的关系，后面两个阶段（增能与改变）的干预才真正让改变发生。

（一）增能——让"I"挺起来

如果一个孩子的"I"期待无法启动，那么这个"I"就一直处在"me"的状态，无法真正站立起来，他也无法拥有真正的自我驱动力和成长的力量。因此，在"干预四阶段"的第三步"增能"中，我们就要帮助孩子增

强内在能量，让"I"能够站立起来，勇敢地面对生活中的挑战和困难。这个阶段，是从"想"到"动"转化的中间过程，想要促进行动和改变，必须先有行动的能量。这一阶段的目的是帮助孩子发现、激发、增长自身的内在能量；主要任务是看到、肯定孩子在已经完成的任务中展现出的能量，并通过关系和互动进一步激发、增长孩子的内在能量。

1. 看到孩子自身的能量——其实你很棒

（1）寻找例外和成功经验

即使孩子已经拒学在家，或者时常存在逃避上学的情况，在孩子成长的过程中也一定有一些应对困难、获得成功的经验，而这些过往经验和经历，便是孩子所拥有的应对问题的内在能量。您只需对孩子进行询问：

"你说自己无法克服困难进入班级，那有没有过一次，你是做到了呢？"

"你好像觉得自己的心情一直很差，在什么情况下，你觉得自己的心情也没有这么糟糕？那个时候你做了什么？"

"在别人不理解你的情况下，能够心平气和地沟通真的很难，你之前是怎么做到的呢？"

就像前面小洁的案例（参见第一章第三节《等待那朵花的盛开》）中

那样，艾老师通过与小洁一起回顾过去，寻找她曾经行之有效的方法和做得好的事情，从而帮助小洁重拾信心，获得效能感。

对于拒学的孩子，他们可能很难找到"例外"的成功经验，这就需要我们创造机会，让孩子从体验小成功开始。比如，家长可以安排一些孩子力所能及的任务，让他们在实践中感受到自己的能力和价值。当孩子完成任务时，家长要及时给予肯定和鼓励，让孩子明白，他们是有能力做好事情的。

在寻找成功经验的过程中，家长需要保持耐心和细心，不要急于求成。同时，家长也要避免对孩子进行过度的干涉和指导，让孩子有足够的自主性和探索空间。通过这样的方式，可以帮助孩子逐渐建立自信，激发他们的内在动力，让他们更加勇敢地面对生活的挑战和困难。

（2）及时赞美

当发现孩子做得好的方面时，哪怕很微小，家长也要及时给予赞美和奖励，增强他们的自信心和动力。赞美的前提是真正看到孩子的优点和做得好的地方，再给予真诚的肯定和赞美。

在跟小西（参见第一章第三节《不想来上学的小西》）的沟通过程中，艾老师一直在赞美她。

当看到小西主动来学校时，艾老师说："看起来你正在努力改变，你做得真的很棒！"

当看到小西遵守约定准时前来辅导时，艾老师说："你是一个很讲信用的孩子，真了不起！"

当看到小西在家练习微机课上的内容时，艾老师说："这个办法真不错，你的主意可真多！"

尽管艾老师对于一些微小的行为进行赞美，但却是言之有物，带着欣赏与肯定的态度，于是这些赞美便帮助小西看到了自身的优点，增强了内心的能量。家长对孩子进行赞美时，要做到以下几点：赞美要具体，避免使用空洞的赞美词，比如"你真棒""你真聪明"等，这样的赞美过于泛泛，孩子可能不知道自己到底哪里做得好，要针对孩子的具体行为或表现进行赞美；赞美要及时，当孩子做出好的行为或表现时，让孩子在第一时间内感受到被肯定和鼓励；赞美要真诚，要发自内心地欣赏和肯定孩子的优点和努力，而不是敷衍了事或者出于某种目的而赞美；赞美要适度，家长在赞美孩子时，避免过度赞美或者夸大其词。

2. 巧用力量卡

或许您还有些困惑：我要帮助孩子增长哪些方面的能量呢？在这里，艾老师为您呈现一套工具——力量卡。力量卡也是拒学研究干预的一项重要成果，是以积极心理学的 24 项品格为基础进行设计的，如果您不知道往哪些方面去挖掘孩子的优势，您可以使用这套力量卡。

六个领域力量卡

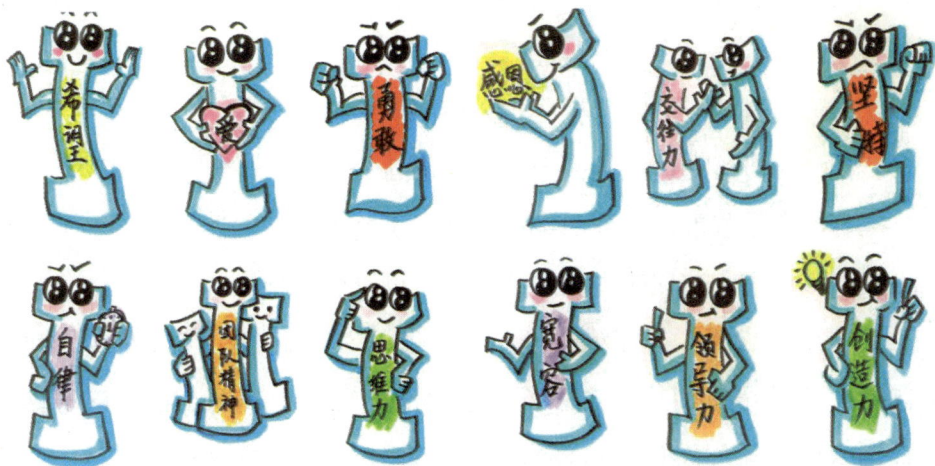

24项积极品质（力量卡节选）

（1）已经具备的能力

家长可以限定一个数量，例如5张，然后让孩子从全部的力量卡中选出5个他认为自己最突出的能力，同时家长也从中选出5个您认为自己的孩子最突出的能力。选出的卡片可以让孩子看到自己的能力，而家长的选择也意味着对孩子能力的认可。

家长同时还可以提出一些问题：

"哪些事情彰显了你有这些能力？"

"这些能力对你想做的事情有哪些帮助？"

（2）想要获得的能力

您可以针对孩子的目标进行提问：

"如果想要达成你的目标，你还需要哪些能力？"

"你所需要的这些能力已经具备了吗？有哪些事情可以说明？"

"如何才能具备这些能力？"

（3）尚有不足的能力

家长可以让孩子在全部的力量卡中选出5个自己认为尚存在不足的能

力，同时家长也选出 5 个您认为孩子尚存在不足的能力。之后，您可以试着问孩子一些问题：

"有哪些事情能证明你存在这方面的能力？"

"你认为自己在这项能力上的分数有几分？"

"有没有哪些事情能证明你的表现高于这个分数？"

"如果你想在这项能力上继续提升，可以做些什么？"

上述三个步骤，每完成一个步骤，家长都要暂停一下，花些时间仔细倾听孩子的意见和想法。家长对于提出的每一个问题，都应该与孩子进行深入的交流和讨论，这样可以更好地理解孩子的内心世界，让他感受到被理解和尊重。

（二）改变——陪"I"去做事儿

改变是"干预四阶段"的最后一步。在这里十分重要的一点是，改变指的是行动的改变，但在行动前，首先要激发孩子改变的动机。

1. 如何激发孩子改变的动机

（1）接纳孩子当前的状态

促进孩子改变的禁忌是催促和唠叨。家长需要意识到，有一部分孩子拒学的原因里包含了与家长对抗的部分，所以家长越是着急地催促孩子做出改变，孩子越是不会改变。反而当家长真正接纳孩子真实的样子时，孩子才有可能主动发生改变。拒学孩子改变动机的发展也需要一个过程，一个被激发的过程，可能孩子还未做好改变的准备，可能让孩子发生改变的动机还很弱，这都需要我们保持足够的耐心，慢慢陪着孩子成长，唤醒更多改变的力量。

（2）改变先从家庭开始

如果孩子还不愿意做出改变，家长一定不要着急或焦虑，请相信，每个孩子都具备向上的动机和力量。当孩子还没有做好改变的准备时，家长可以先做出改变。家长可以学习有关科学养育、心理学的相关知识，学会用更恰当的方式与孩子相处，营造帮助孩子成长和改变的良好家庭氛围。

（3）让孩子体会到改变的好处

家长需要弄清楚两个问题：第一是改变有没有好处，第二是改变的受益者是谁。

对于第一个问题，如果改变对孩子而言没有好处，那何来的改变动机呢？所以，当孩子体会到改变是有好处的时候，便可以推动改变的发生了。

第二个问题需要家长考虑清楚，当我们谈到改变的时候，最大的受益者是谁？想必家长一定会说那肯定是孩子自己啊！那如果站在孩子的角度来看这个问题呢？当家长着急地催促孩子快点返校时，在孩子眼里最大的受益者是谁？当孩子认为最大的受益者是家长而非他自己时，改变是不会发生的。

2. 小行动带来大改变

（1）目标转为行动

鼓励孩子将大目标分解为小步骤，先从最基础、最容易执行的一步开始。也就是从"想要达成的目标"落地到"怎么做可以达成目标"，将结果化为行动的过程。

就像小星（参见第一章第四节《孤独的战士》）的故事中，她想要去看偶像的演唱会，这是结果，而想要达成这一结果，必然需要做出相应的行动。而在艾老师与小星讨论的过程中，小星开始查找如何购买车票、预订酒店，并着手制订行动计划等，结果就转化为了行动过程。

（2）从小步子做起

掌握了行动方法并不是结果，而是要脚踏实地地去执行，从最简单的行动开始，鼓励孩子去尝试。

橙子（参见第一章第四节《感情受挫的橙子》）做手工和摆摊是她行动的一小步；小星（参见第一章第四节《孤独的"战士"》）把从辅导室里练习的沟通技巧运用到与妈妈的沟通中，也是行动的一小步。而正是这一小步，却足以让孩子感受到自己的力量，这一小步带来的结果，也足以让他们看到变化，并投入到更多的行动中去。

"联结—希望—增能—改变"校园"I"计划拒学干预四步法是一个步步递进的干预方法（如下图所示），只有前一步的干预充分到位时，才可以进入下一步。即只有家长跟孩子建立了良好的联结，才能够催动孩子生出"I希望"；只有孩子有了"I希望"，才能够激发出自身的能量；只有孩子自身的能量足够充足，才能够促进改变的发生。相反，家长在没有充分地跟孩子建立联结时，不要着急去跟孩子谈希望；在尚未帮助孩子提升能量前，也不要急着催动孩子去改变。

建立基础　　孕育希望　　加固自我　　探索实践

这是我依据多年的教育经历及青少年个体干预经验，结合焦点效应及心理动力学理论基础，构建的针对厌学、拒学问题的校内心理干预四步走辅导模型，其目标是为针对厌学、拒学问题进行心理辅导的专职心理教师提供参考，如果能够对家长陪伴孩子走出厌学、拒学的困境有所帮助，那更是我们的初心和愿望。

三、艾老师解读到底是什么带来的改变

（一）重拾希望——艾老师有话说

1. 抓住一切机会

案例：用一天挽救拒学

我在一天上午接到了欣欣的班主任陈老师打来的电话，电话里陈老师的语气很着急，她问我一会儿有没有时间给她班上的一个女生做辅导。我刚好上午没课，就答应了下来。紧接着，这位负责任的班主任又给我留言："欣欣最近早上找各种理由不来上学，已经迟到、请假好几次了。我已经跟她的家长做过工作，家长也在尽力安抚她的情绪。但是欣欣的情况并没有得到改善，家长也感到着急、崩溃。我也不知道该怎么做了，想请你帮帮忙。"

欣欣走进心理咨询室时，我能从她微红的眼睛看出刚刚哭过的痕迹，我想，她肯定有很大的压力。她的头发有些凌乱，不知道是不是因为早上仓促出门的缘故。我邀请她到沙发上坐下，询

问她的情况。欣欣开头第一句便说："我不想上学。"

"上学挺累的，是吧？"我看着她的眼睛回应道。就这一句，又让她红了眼眶。

在接下来的沟通中，我了解了欣欣拒学是源于不停地学习、无论如何也提升不了的成绩、父母对学习成绩的高要求，她其实只是想在这窒息的氛围中喘一口气。可是，当她用赖床的方式来获得一点点的休息时间时，父母的唠叨又随之而来："你怎么能不去学校呢？成绩本来就不好，功课又要落下了！"这一点点的休息时间非但没有让她感到放松，反而让她压力倍增。

因为感受到欣欣压力背后融合着父母对孩子学习成绩的焦虑，我没有像往常那样跟欣欣讨论如何缓解学习压力，而是问她："你觉得未来一周，哪一天不学习，完全用来放松和休息，功课不会落下很多？"

大概没想到我会这么问，欣欣有些愣住了，过了几秒她反应过来后，笑着回答我说："周二。"

之后的时间，我们没有再聊学习压力，而是规划周二的时间用来干什么。欣欣说她希望先好好睡上一觉，睡到自然醒，然后希望妈妈或者爸爸可以请假陪自己聊天，下午再去逛个街。为了避免她在放松的过程中再对当天学校里的课业感到焦虑，我们一起规划了如何提前完成那一天的学习任务。从欣欣说话的状态和语气中，我感觉她已经放松了很多。

在辅导即将结束的时候，欣欣有些担心地说："可是他们不会请假陪我，也不会允许我不上课。"

我跟她说："咱们试试！"

欣欣走后，我立马拨通了欣欣班主任的电话。电话接通后，陈老师十分不安地问我："情况很严重吗？"我回她说："不严重，休息一天就行。"我跟陈老师讲述了欣欣的计划，并请求陈老师的帮助。陈老师很乐意地应了下来，同时也有些担心地说："万一欣欣的父母不同意让孩子请假休息怎么办？"

我十分严肃地说："请假一天或拒学在家，让家长自己选吧！"

又过了一周，当欣欣再次踏进心理辅导室的时候，我发现她的头发梳理得十分干净整洁，与上次的局促紧张相比，这次的她看起来轻松了许多，脸上一直洋溢着笑容。

"上周二，妈妈请假陪了我一天。"说这句话时，欣欣看起来十分有力量。

欣欣告诉我，上午她和妈妈一起去爬了山，而且登了顶，下午妈妈带她逛街买了新衣服，晚上回家后，桌上已经摆好了爸爸亲自下厨做的饭菜，用餐结束后，爸爸妈妈一起同她谈了心。我问她感受如何，她说："我感觉有动力面对学习了。"

自那天之后，欣欣没有再出现迟到、请假的情况。不仅如此，在那一周的小测成绩出来后，欣欣告诉我，她的英语和化学成绩都有了明显的提升。

或许有的家长会觉得不可思议，请假一天真的能挽救拒学的孩子吗？我会说"是的"。在欣欣的案例中，拒学情况的改善不仅仅是因为请假一天。

首先，任何学生都需要学习和休息的平衡，休息好才能更有精力去面对学习，因此千万不能剥夺学生的休息时间。欣欣的父母原本犯的错误就是过于焦虑，不敢让欣欣放松休息，而请假一天不仅可以让欣欣放松，父母对欣欣请假的允许以及父母请假陪伴欣欣亦在告诉她："你可以休息。"这才能让孩子真正地在心理上放松下来，如果家长一边抱怨一边很不情愿地帮孩子请假，反而会加重孩子的焦虑情绪。

其次，欣欣在这次请假中获得的不仅是休息和放松，还有父母的陪伴、包容、理解和爱，这才是帮助欣欣去面对困难的强大武器。欣欣的妈妈请假与她一起爬山、逛街，不仅是一种陪伴，更是对孩子面对压力想要休息的包容和理解；而这一切的背后，都是欣欣的父母对欣欣深切的爱。正是这些催生出欣欣内心的力量，让她足以去克服学习上的困难，而非选择回避。

再次，班主任敏锐地觉察到拒学苗头，及时让心理老师介入干预，以及家长在整个过程中的支持与配合，也是十分重要的。如果学生已经频繁请假或者长期拒学，或者家长虽然懂得道理却没有做出改变，那也无法起到这样的效果。因此，家长和老师要尽早发现学生拒学的信号，并快速做出应对和改善的对象，用最小的"代价"来改善拒学问题。

2. 给孩子一点缓冲

案例：我看着她走进来，又看着她走出去

工作日的一天，我正坐在心理辅导室备课，佳佳提着书包走进了心理辅导室。她一脸疲惫地问我："老师，我能在这里待一会儿吗？我不想去教室。"

我点头表示同意，然后给她的班主任发了条消息，让他知道佳佳在心理辅导室。之后，我问佳佳是否需要聊一聊。

"没事儿老师，我待一会儿就行。"佳佳拒绝了我的提议。

我继续做我的工作，佳佳在心理辅导室里一会儿看看书，一会儿帮我打扫卫生、整理书架。就这样一天过去了，当时我还没有意识到，佳佳要在心理辅导室里度过一天又一天。

第二天一早，佳佳又准时到心理辅导室报到。学生全天只待在心理辅导室的情况我也是第一次遇到，她的班主任也有些担心，出于安全和给学生提供最优化帮助的考虑，我们联系佳佳的家长

召开会谈。

我向佳佳的父母了解了一些佳佳的情况，因为是初中升入高中的第一学期，佳佳有些心情低落和不适应，为此父母还专门带她去旅行放松心情，鼓励她去做喜欢的事情，可情况没有太大的好转。"其实佳佳现在能坚持来学校，还不迟到，我觉得她已经做得很不错了。"我这样跟佳佳的父母说，也希望能给予他们一些希望和力量。

"是啊。"佳佳的妈妈微笑着回应我，"我们经常跟她说，如果你真的觉得很累，咱们可以请个假休息休息，不用强迫自己一定要去学校。"

从佳佳妈妈的话语里，我感受到了对佳佳的爱和支持，我想这也是推动佳佳坚持来学校的力量吧。

之后，我跟佳佳的父母协商，允许佳佳只要不想进班就可以一直待在心理辅导室，同时尽可能让佳佳的好朋友课间来心理辅导室同她聊天。会谈结束时，佳佳的妈妈说了一句很重要的话："我不知道佳佳什么时候能够返回教室，但我们并不着急，也不会催促她。我也非常感谢老师们对佳佳的包容和照顾。"

基于佳佳妈妈的这句话，我们做了一个"不催促约定"，只为给佳佳提供一个安全、包容、支持的环境，然后静待花开。

大概过了一个多月，在一个下午，佳佳忽然跟我说："老师，我觉得我应该能回到教室了。"我用眼神鼓励她，并且表示当她感到难以适应时仍旧可以回到心理辅导室。

就这样，佳佳慢慢地离开了心理辅导室。

当面临升学时，学生出现适应困难的情况是很正常的，当学生面对学业压力或其他困难时，也需要休息一下。在这个时候，给孩子一定的缓冲时间，允许孩子先停下来适当休整，是至关重要的。

上面关于佳佳的案例，实际上就是缓冲机制运行的案例。许多学生的拒学改善之路需要的可能不是干预，而是缓冲。关于学校拒学干预缓冲机制的设计理念是在校内设置一个"缓冲区"，构建一个安全空间和支持系统，成为家和学校之间的过渡，让已经拒学在家的学生可以先进入缓冲区进行调整，提升对学校的适应能力，再逐渐回归课堂；同时为遇到问题容易逃避回家的学生（即拒学行为可能变严重的学生）提供暂时可停靠的安全空间，帮助学生减轻压力，促进自我发展，从而减轻拒学行为。

家长如何帮助孩子进行缓冲呢？

（1）接纳并理解孩子需要缓冲的状态

作为家长，最重要的就是调整自己的心态，不要着急，因为家长的焦虑很容易传递给孩子，导致孩子处在痛苦和焦虑之中。因此，家长需要先接纳现状，调整自己的情绪，然后再去理解孩子的状态，不做批评和说教。

（2）为孩子的缓冲提供条件支持

不同情况的学生需要不同的缓冲时间。有的学生需要的仅仅是不舒服时离开教室一会儿，有的学生可能像佳佳一样很久不去教室，但可以待在学校其他安全的空间，有的学生可能想要离开学校在家休息一天，还有的学生可能需要休学一年之久。我见过不少学生在初入学时有强烈的情绪反应，而休学一年后便能以良好的情绪状态返校学习，在很多我们对学生拒学干预缓冲机制运行的案例中，也反映出给孩子提供缓冲的有效性。因此，家长需要根据孩子的实际情况和需要，为其提供缓冲支持。

（3）协同学校、社区一同工作

当学生需要的仅仅是在学校内进行缓冲的时候，家长需要同班主任、心理教师一同合作。尽管学校提供缓冲的场所、陪伴和安全保护的支持，但必要时需要家长进入学校的缓冲区陪伴孩子。同时，如果孩子完全拒绝进入学校，家长可以考虑协同社区心理健康中心，让孩子走出家门参与社区活动，增进与他人和社会的联结。

3. "I" 成长才是最重要

案例：老师，我赚了三百块！

我第一次见到豆豆的时候，她看起来神情恍惚，没什么精神，也不大想跟我说很多话。那个时候，她已经拒学在家近半年的时间，一开始她完全拒绝家访和心理辅导，到后来我多次联系家长，几经周折，豆豆才勉强同意来学校心理辅导室见我。

"我就是不想上学。"大概是觉得我想见她的唯一目的是催她回学校上课，豆豆一来就跟我说了这样一句话。

"我知道你不想上学。"我笑着看她，"先不说这个，你难道不想聊聊你喜欢干什么吗？"

她抬眼看我，眼睛里终于有了些生机，但还是带着些警惕。我知道，很多拒学的孩子没那么容易能放下内心的戒备。

"既然不想上学，那你想做什么呢？"我继续耐心地询问。

"没什么啊，就是想玩。"我察觉到豆豆刻意做出一副毫不在意的样子，就像她真正喜欢的东西总是被人忽视那般。

"哦，想玩啊！我也喜欢玩。那你都玩些什么呢？"

起初我说起她的兴趣，豆豆带着一种"我跟你说了你也不理解，又何必问我"的神态，当她发现我是真的对她所讲述的事情感到好奇、理解甚至同样喜欢的时候，她在我面前的状态渐渐放松了。

在后来的辅导中，我们也没有刻意去讨论学习，而是讨论她真正想做的事情和未来规划。豆豆很喜欢做手工，她希望以后可以开一家自己的手工艺品店。慢慢地，我们又把规划慢慢着眼于当前。有一天，她告诉我："老师，我前几天在家里用扭扭棒编了一些花，我想试着去夜市卖掉。"说这句话的时候，她看起来有些紧张，或许是担心我并不支持她，亦或许是担心这个想法并不可行。

我激动地告诉她："这个想法真的很棒，你打算什么时候试试呢！"

在我的鼓励下，豆豆当天晚上就去了市中心的夜市文化街。又过了一周，在辅导时她告诉我说："老师，你知道吗？我第一天晚上就赚了三百块钱！"

后来，豆豆来辅导时带了她自己编的花朵，我将它摆放在心理辅导室的桌子上。看到它，就像看到了豆豆的成长与变化。尽管豆豆并没有像大家期望的那样回到学校、努力考学，但她找到了自己的兴趣爱好，开启了人生的新篇章。她不再是那个神情恹恹、每天无所事事的拒学学生，而是投入到了新的事情中，在这个过程中，她收获了快乐、成就和希望。我想，这就足够了。

并非只有回到学校、提升学业成绩才是成长，成长应该是多元化的，只要孩子朝着积极、健康的方向发展，那就是成长。在豆豆的案例中，我们看到了一个孩子从拒学到找到自己喜欢的事情，再到勇敢尝试并取得成就的过程，这就是"I"的成长。当我们看到孩子在成长道路上取得每一点进步和成就时，我们都应该感到欣慰和骄傲。因为，这就是"I"的成长，是孩子们用自己的方式，书写着属于自己的精彩故事。

（二）重拾希望——家长的心路历程

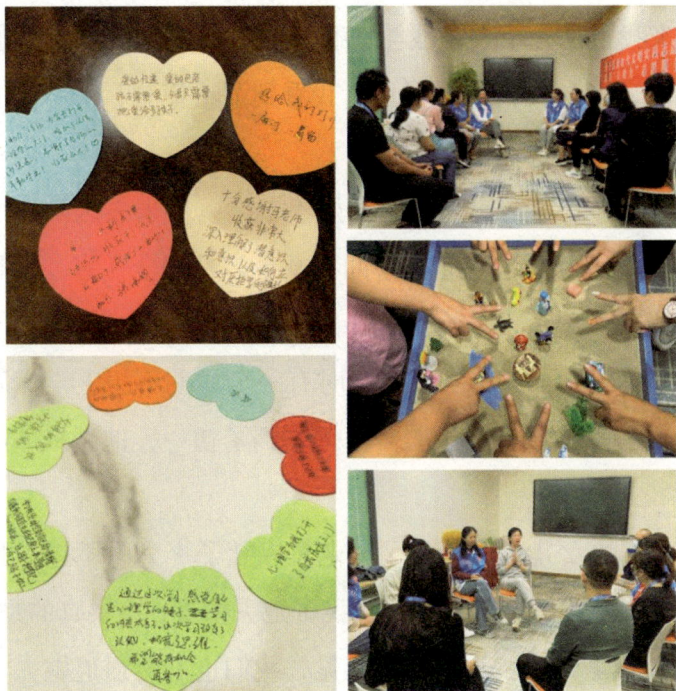

我们常为厌学、拒学学生的家长开展公益成长团体活动，当家长们坐在一起，共同面对孩子的拒学问题时，更容易产生共鸣，也更容易找到解决问题的勇气和力量。

很多家长与我们分享陪伴孩子应对拒学问题的过程：

"简直就是煎熬。"

"因为我是妈妈，我没有选择。"

"我依然在苦苦支撑。"

"日子好像就得这么过，每天都在煎熬。"

"我几乎已经要放弃了。"

……

一位家长分享道："那段时间，我真的感觉像天塌了一样，孩子不去上学，整天把自己关在房间里，我们说话他也不理。我尝试过各种方法，甚至辞了工作专门在家陪他，但都没有效果。参加这个成长团体后，我才意识到，原来我不是一个人在战斗，还有这么多家长也面临着同样的问题。我们互相鼓励，互相支持，慢慢地，我看到了希望。"

说说孩子的具体情况

妈妈1：我的女儿初二下学期开始不上学，后来去医院评估有重度焦虑和抑郁问题，因此休学一年，中间有9个多月完全在家。我和她爸爸离异，她跟我生活。

爸爸1：我的儿子，小学五年级时有一个学期不想上学，后来老师强制他去，他也就这么坚持了下来。可现在到了初一，他越来越沉迷游戏，彻底不去学校了。

妈妈2：我的女儿上六年级了，老是以肚子疼为由不想去学校，心理老师联系我，说孩子有抑郁的倾向。我带她去检查，结果真的是抑郁状态，还有很严重的自伤行为。为了安全起见，我们也不能强迫她去学校了。

爸爸2：我与妻子离异，女儿跟我，我平时工作太忙没空管她，都是奶奶带她。现在她开始谈恋爱，心思都不在学习上。学习压力大的时候，就直接请假不去学校了。

最严重的时候孩子什么样

妈妈1：最严重的时候，我女儿完全封闭自己，不与任何人交流，包括我。她整天把自己关在屋里，也不出门，外界的一切事情都仿佛与她无关了。她有时候情绪极度低落，有时候把胳膊划伤，有时候情绪失控、大喊大叫，就这样持续了半年的时间。

爸爸1：他现在就是整天沉迷于游戏，没有其他兴趣，也不出门。一没收他的手机、电脑，就跟我们急，甚至还会动手。对学校的事情他完全不关心，成绩一落千丈，现在看起来，真的是上不了高中了，这可怎么办呢？

妈妈2：她出现了严重的自伤行为，失眠非常严重，人也瘦得很厉害，医生给开了抗抑郁和助眠的药物。她因为无法控制自己的情绪，根本无法去上学，我也担心她的安全，但又不能请假天天在家，她还有个妹妹，我精力有限，照顾不过来，真的是极度痛苦。

爸爸2：我禁止她和那个男孩继续联系，她就跟我们对抗，不和我们说话，她奶奶也管不了。有时候在家里和我吵架后，她就离家出走，不去上学，闹得人尽皆知。

你最害怕的是什么

妈妈1：我最害怕的是她会一直这样下去，担心她会做出伤害自己的事情，更怕她无法回到学校，我也不知以后该怎么办。我心里非常焦虑，非常煎熬，无数次问自己："为什么别人的孩子没事，就我的孩子这样？"

爸爸1：我害怕他就这么废了，他妈妈是个控制欲非常强、情绪又极其不稳定的人，我担心她控制不好自己的情绪，在家里和孩子打起来。

妈妈2：我最害怕的是她会因为抑郁而做出极端的事情，也害怕她上不了高中。我因为教育孩子的失败而深深自责，没想到孩子已经到了这么严重的地步，我才知道。

爸爸2：我最害怕的是她会因为早恋而荒废学业，更害怕她会因此受到伤害或走上歧途。但是她要真是这样，我也没办法，我的工作实在太忙了，根本顾不上她。

是什么让你坚持到现在

妈妈1：我有很多次想要放弃，很多次否定自己，很多次自责。但有很多人帮助我，我的家人、朋友、同事，还有一位心理辅导师，他们在我最煎熬的时候，缓解我的焦虑，让我能够继续坚持下去。

爸爸1：没有办法，他的妈妈情绪太不稳定，我只能硬撑着在两边调和。

妈妈2：孩子的班主任、心理老师给了我很大的帮助，很多时候我不知道怎么办，都是老师们跟我说该怎么做，这真的让我学习了很多，我自己也改变了很多。

爸爸2：没办法，她奶奶管不了了，老师一遍遍地给我打电话、讲道理，我的确要负起当父亲的责任来。

孩子有了哪些积极的变化

妈妈1：她现在已经回到学校两个月了，基本能适应，只有生病时请了两天假。我不再关注她的学习，她反而在学习上更加积极主动，也能跟我交流，参加家庭活动，有时候会在家里旁若无人地大声唱歌。

爸爸1：好歹能和我说说话，讲讲游戏了，上周他跟我一起去爬山，我觉得这是一个不错的变化。

妈妈2：经过治疗和陪伴，女儿现在的情绪稳定多了，自伤行为也减少了。她现在也断断续续地回到学校上课了，老师反馈她课堂表现还不错。

爸爸2：我开始多花一些时间陪伴她，陪她吃好吃的，陪她买衣服，也允许她买一些化妆品，最近她的心情看上去挺好，跟我说话也多了。

你觉得是什么促使孩子发生了变化

妈妈1：可能是我的变化，我试着无条件接纳她，虽然她做了很多出格的尝试，不断挑战我的底线，但我真的能够包容她了。我做好了心理准备，尽管这个时间可能会很长，我也要坚持下去。

爸爸1：我尽可能多地参与到他的生活中，以前我参与得少，心理老师建议我多参与。我最近常跟儿子聊天，我也劝他妈妈改改自己的脾气。

妈妈2：一开始我特别不愿意让孩子吃药，医生和老师给我解释了之后，我才接受。我觉得药物对孩子是有些作用的，她吃药以后明显情绪稳定了一些，睡眠也好多了。

爸爸2：可能以前我对她的关心和陪伴太少了吧，我现在开始花时间陪她做她想做的事情，这在以前我是做不到的。

你最想对那些身处煎熬中的家长说些什么

妈妈1：是对女儿的爱和责任让我坚持到现在，我知道她正在经历一段艰难的时期，我不能放弃她。我也相信，只要我们不放弃，总有一天她会好起来。

爸爸1：我现在就身处煎熬之中，我想每个孩子都有自己的路，都有自己的优势，要是真上不了高中，我也只能接受吧！

妈妈2：我们自己也有需要成长的地方，需要不断地学习。不要怕做出改变，因为我们改变才能带动孩子改变。

爸爸2：我想说，尽量给孩子一个完整的家庭吧，和谐的家庭环境对孩子的成长非常重要。

除此之外，还有很多家长真实的声音：

"我经历了长期的焦虑和纠结，甚至有时候痛恨这个孩子，让我看起来这么失败！"

"作为妈妈，我已经很努力了，很多地方我也做得很好，可孩子还是出现这个问题，这给我很大的挫败感。"

"走过那段最难的路才发现，最难的是调节自己的情绪，我也要回归正常的生活，不能把所有的时间和精力都耗费在应对孩子上面，那样真的会崩溃。"

"我特别幸运，我不是一个人在面对孩子的问题，孩子的姥姥是很重要的中间角色，起到了助推的作用，帮助调解我和孩子的关系。"

"虽然孩子已经复学了，但我现在依然不知所措，要说不焦虑，我觉得谁也做不到，我甚至看到很多孩子的拒学问题比我的孩子复杂多了，如果非要说点什么，那应该是先照顾好自己，不要被孩子带离你自己的轨道，失去了自我。"

但经过我们的团体辅导，家长们开始有了新的感悟：

"我看到了很多和我一样的家长，原来我不是一个人在战斗。"

"在团体里，我找到了支撑下去的力量。"

"我开始理解孩子，也理解了自己。"

"我学会了如何更好地陪伴孩子，而不是一味地逼迫。"

"我发现，只要把心态调整好，事情就没有那么糟糕。"

这些感悟，如同黑暗中的一束光，照亮了家长前行的道路，也让他们更加坚定地陪伴孩子走出拒学的阴霾。

亲爱的家长朋友，读到这里，我们的旅程已接近尾声，我们已经把校园"I"计划的每个阶段，以及如何通过理解和支持陪伴孩子走出拒学的阴霾，都为您进行了详细的阐述。校园"I"计划，不仅仅是一个关于拒学干预的计划，它更是一个关于成长、理解、爱的计划。在这个过程中，我们看到了孩子的挣扎与努力，也看到了家长的焦虑与坚持。但更重要的是，我们看到了改变的发生，看到了希望的重生。

艾老师三谈"I"和"me"

▶ "I"和"me"有什么不同

笼统地说，我们可以将"I"理解为孩子内在自我意识的主动积极展现，而"me"则更多地反映了孩子在外界影响下可能产生的被动或依赖状态。下面，我们将对这两种状态进行详细区分，帮助家长判断自己的孩子更倾向于哪一种。

"I"代表积极主动的自我：如果孩子处于"I"的状态，他们通常具有更强的自我意识，能够主动表达自己的需求和愿望。处于这种状态下的孩子能独立思考和做出决策，展现出较强的自主性和独立性。

"me"代表被动依赖的自我：相比之下，"me"更多地体现了孩子在面对外界刺激时的被动反应，表现为需要他人的照顾和引导，或者对自己还未形成稳定的自我认知，依赖他人的期待和价值评判。在这种状态下，孩子可能更倾向于依赖他人的意见和决策，缺乏主动性和自我满足感。

那么，如何判断孩子更倾向于哪种状态呢？以下四个方面可以给您提供参考。

是否独立自主：观察孩子在日常生活中的行为表现，看他们是否能够独立完成任务，能够承担该年龄段的责任，拥有与该年龄段匹配的学习能力，如自己整理学习用品、独立完成作业等。孩子在面对困难时的态度也很重要，是主动寻求解决方案还是等待他人帮助？

是否自给自足：观察孩子的情绪管理和自我调节能力，看他们是否能够在没有外界支持的情况下保持积极的心态，拥有自我调节的能力，正确应对正常状态下的压力事件。注意孩子是否经常表现出对他人依赖的行为，如频繁寻求安慰或帮助。

是否处于主导地位：在群体活动中，观察孩子是否愿意主动承担责任，成为活动的领导者或组织者。注意孩子在互动中的话语权和控制力，看他们是否能够有效地表达自己的观点并影响他人。

是成全自己还是迁就他人：观察孩子在面对利益冲突时的选择，看他们更倾向于维护自己的权益还是迁就他人。注意孩子在社交中的表现，看他们是否能够坚持自己的立场和原则，不被他人轻易左右。

▶ "I"和"me"背后的心理学理论是什么?

"I"与"me"的差异，本质上是孩子心理发展的里程碑。这一概念深深植根于客体关系理论——精神分析学派中探索人际关系如何塑造人格的核心理论。该理论认为，孩子在婴幼时期与主要抚养者（通常是父母）的互动，如同一把雕刻刀，塑造着孩子从依赖（me）走向独立（I）的心理轨迹。

心理学家玛格丽特·马勒（Margaret Mahler）通过观察数千名母婴互动，绘制出人类心理诞生的三阶段图谱，完美诠释了"I"与"me"的动态演变：

1. 自闭期（0~2个月）：此时的"me"如同混沌的种子，尚未感知到他人的存在。

2. 共生期（2~6个月）：婴儿与母亲建立"心理脐带"，认为彼此是一体的存在。若母亲过度控制或情感疏离，孩子易固着于"me"状态，成年后可能表现为过度依赖或回避亲密关系。

3. 分离个体化阶段（6~36个月）：

孵化期（6~10个月）：婴儿抓咬母亲的手指，实则在探索"我"与"非我"的边界。

实践期（10~16个月）：孩子在蹒跚学步时频频回头确认母亲是否在场，这是成长过程中第一次宣告：我想独立，但需要你的守护。

和解危机（16~24个月）：孩子在"我要自己穿鞋"和"妈妈帮我穿鞋"之间反复横跳，恰似青春期叛逆的预演。

客体恒常性（24~36个月）：即使母亲不在视线内，孩子心中仍有她的温暖形象，这是"I"真正扎根的标志。

"I"与"me"的动态博弈，是成长中的隐形战争。当孩子说"妈妈帮我选兴趣班"，反映的是"me"状态的残留；而当孩子坚持说"我要学街舞"，则是"I"的觉醒宣言。这两种状态的拉锯贯穿孩子的整个成长过程，健康的发展过程如同小树逐渐脱离支架，孩子通过试错积累"我能行"的经验，逐步从"me"向"I"迁移。若家长过度保护（"听我的准没错"）或情感忽视（"你自己看着办"），孩子可能会卡在"me"状态，表现为青春期拒学、社交退缩或过度讨好他人。

依据客体关系理论，"I"和"me"的状态并不是静态的，而是随着孩子与主要抚养者之间的互动关系而不断发展变化的。在孩子的成长过程中，父母或其他主要抚养者的态度、行为以及与孩子的互动方式，都会对孩子的"I"和"me"状态产生重要影响。因此，作为家长，了解并认识"I"和"me"的概念及其背后的心理学理论，对帮助孩子健康成长、实现自我成长具有重要意义。

如果孩子在心理发展过程中，分离个体化未能顺利完成，他们可能会长时间停留在"me"的状态，对自我认知模糊，缺乏独立性和自主性。这种情况下，孩子在面对生活中的挑战和困难时，往往会感到无助和迷茫，更容易产生拒学等心理问题。因此，作为家长，我们需要更加关注孩子的心理发展，尤其是在他们成长的关键阶段，要给予他们足够的支持和引导，帮助他们顺利完成分离个体化的过程，从"me"走向"I"，实现自我成长和独立。